父母的觉察

走出育儿误区

刘启辉 著

青岛出版集团 | 青岛出版社

图书在版编目（CIP）数据

父母的觉察：走出育儿误区 / 刘启辉著 . -- 青岛：青岛出版社 , 2025. 4. -- ISBN 978-7-5736-3249-4

Ⅰ . G78

中国国家版本馆 CIP 数据核字第 20253RG866 号

	FUMU DE JUECHA: ZOUCHU YUER WUQU
书　　名	父母的觉察：走出育儿误区
著　　者	刘启辉
出版发行	青岛出版社
社　　址	青岛市崂山区海尔路 182 号（266061）
本社网址	http://www.qdpub.com
邮购电话	0532-68068091
策划编辑	尹红侠
责任编辑	赵慧慧
封面设计	祝玉华
照　　排	青岛乐喜力科技发展有限公司
印　　刷	青岛双星华信印刷有限公司
出版日期	2025 年 4 月第 1 版　2025 年 4 月第 1 次印刷
开　　本	16 开（710mm×1000mm）
印　　张	14.5
字　　数	230 千
书　　号	ISBN 978-7-5736-3249-4
定　　价	49.8 元

编校印装质量、盗版监督服务电话：4006532017　0532-68068050

推荐序一

以生命成长之名：写给现代父母的共美邀约

当教育回归生命的本质

　　刘教授好，我还没有动笔给您的新书写序言，甚感歉疚。一是因为我最近的确有点忙，二是因为我一直没想到合适的切入角度。既然受邀，我就不会辜负您的信任，势必在拜读本书的同时，找到合适的切入点。所幸，我现在已经拜读完本书，会尽快动笔为本书写序。

　　在这个充满喧嚣和浮躁的世界里，幸而有你这样勤勉自律、保持定力的学者。我钦佩您的学识和情怀，佩服您的勤奋和深度思考，我要向您学习。哲思慧语激励孩子们成长，烛火微光为孩子点亮梦想。

这是我前段时间回复本书作者刘教授的两段话。言为心声，语为人镜。刘教授的确是我近几年颇为钦佩的一位钟情教育、真爱孩子、勤勉奋进、笔耕不辍的学者。阅读本书时的感动、思考时的认同、解析时的思辨，此刻都化作笔尖流淌的智慧清泉。近几年我看过很多家教书，但鲜少看到像本书这样接地气，又思考深邃、观点新颖的著作。在我看来，这不是一本寻常的家教书，而是一把助力父母打开孩子成长之门的密钥。

在"双减"政策落地生根、家庭教育促进法全面实施的当下，我们愈发清晰地看到，教育的真谛不在于修剪生命的枝丫使其整齐划一，而在于唤醒每个孩子内心深处向上、向善的力量。刘教授长期从事心理学与家庭教育的研究，以更为深邃的视野，将"父母觉醒"这个宏大命题拆解为家庭教育中可触可感的实践路径，让艰深的教育理论化作母亲温暖的怀抱、父亲坚毅的目光、教师指尖的星光。

直击本质的三维重构

本书是一次社会化进程的时空折叠。当大多数家教书还在"爱与规矩"的二元困境中徘徊时，刘教授用"父母的五项修炼"给出了令人耳目一新的解决方案。那些因溺爱而迷失自己的"小白眼狼"，那些不堪忍受学业压力、选择"躺平"的少年，都能在本书中找到救赎的阶梯。

本书是一张适应性培养的生态图谱。从婴儿期的"即时满足需求"到幼儿期的"延迟满足训练"，从家庭餐桌上的规矩习得到校园走廊里的社交演练，作者勾勒出适应能力培养的生态图谱。当亲子关系成为情绪能量的蓄电池，当师生关系化作知识传递的彩虹桥，当同伴关系构建起社会化的训练场，教育的真谛便在关系的流动中自然生发。

本书更是一种"家校社"协同育人的共美范式。家庭是精神成长的沃土，学校是认知发展的苗圃，社会是实践锤炼的熔炉，这三者既保持边界又相互滋养，共同助力孩子的成长。

照亮重构暗角的实践之光

当多数家长还在"立规矩伤感情"的误区中纠结时，本书中的众多案例令人拍案叫绝。那个总是需要父母陪着看书的孩子，通过随处可见的图书提示系统，养成了独自看书的习惯。这种将行为心理学理论化为家庭教育的智慧，正是当前家庭教育最稀缺的养分。

面对高一新生普遍存在的适应问题，刘教授独创的"三阶缓冲带"理论——入学前的"认知地图绘制"、月考后的"挫折情境重构"、选科时的"生涯沙盘推演"，既保护了少年的自尊，又提升了少年的心理韧性。刘教授指导的某重点高中在运用"三阶缓冲带"理论后，高一新生的适应周期明显缩短，这些实战的数据就是最好的注脚。本书的字里行间闪烁着受挫力培养的艺术。

向美而行的实践远征

在信息化浪潮冲击传统教育形态的今天，刘教授的著作给了我们三重启示：其一，家庭教育不是私人领域的闭门造车，而是需要专业指导的终身课题；其二，社会化不是对个性的无情碾压，而是帮助生命绽放得更绚烂的过程；其三，协同育人不是机械的任务分配，而是需要艺术设计的系统交响。

作为深耕基础教育三十年的老兵，我在本书中看到了刘教授在家庭教育研究中的三个突破：从经验碎片到理论系统的范式突破，从问题纠偏到成长建构的视角突破，从家校博弈到生态共生的关系突破。这些突破正与教育部"健全学校家庭社会协同育人机制"的顶层设计形成美妙共振。

写给未来的家教书

恍惚间，书中那些真实的案例、发人深省的文字都仿佛化作千万只萤火虫，飞向需要光亮的角落：飞向那个因为辅导孩子写作业而焦虑的母亲，告诉她要肯定、鼓励孩子；飞向那个不愿意上学的少年，告诉他要成熟、独立、有责任感；飞向那个困惑于亲子沟通的父亲，演示"共情式倾听如何架起亲子沟通的桥梁"……

本书是刘教授结合自己多年的亲身经历和系统理论研究，一气呵成的一本家庭教育宝典。当越来越多的教育者读懂这本书，当越来越多的父母开始觉醒，开始为孩子的成长赋能，我们终将见证：每个孩子都能在爱与被爱中完成生命的蜕变，在规矩与自由间长出翱翔的翅膀，在个体与社会的对话中书写属于自己的成长史。我期待更多的教育者、父母走上觉醒之路。

全国知名教育专家

全国特别教育联盟理事长

全国名师工作室联盟副理事长　　郑立平

全国班主任成长研究会创始人

中国教育学会中小学德育研究分会秘书长

推荐序二

提高家长的家庭教育素养

刘启辉是我的大学同学，在上学期间，他是我们班的学习委员，其努力程度远超过我。二十多年后，我们俩又成了家庭教育领域的同行，他依然是我学习的榜样。我在北京市朝阳区做家庭教育工作，在遇到理论问题或者感到困扰时经常求教于他，他常常让我豁然开朗。

家庭教育的实质是爱的教育，父母爱孩子的方式决定了孩子的成长方向。孙云晓老师在其《孩子需要理性爱》中提出"理性爱"的概念，将"理性"和"爱"关联起来，这与刘启辉在本书中提出的"找到爱与规则之间的平衡点"的观点高度一致。爱是家庭教育的底色。走出育儿误区，了解孩子在不同阶段的身心特点，理性爱孩子，才是新时代的父母应该做的。

《中华人民共和国家庭教育促进法》指出："父母或者其他监护人应当树立家庭是第一个课堂、家长是第一任老师的责任意识，承担对未成年人实施家庭教育的主体责任，用正确思想、方法和行为教育未成年人养成良好思想、品行和习惯。"家长的家庭教育素养是家庭教育的关键因素之一，直接影响着家庭教育的质量。

在现实生活中，由于受历史、社会环境等多方面因素的影响，有的家长缺乏对家庭教育的科学认知，家庭教育素养不够，认识不到家庭教育中的诸多问题与自身教育观念、教育能力等因素有关。有的家长在日常生活中只注重孩子的学习成绩，忽视了孩子的身心健康，在面对家庭教育中复杂化、多样化的问题时，找不到问题的根源，不会采取正确、恰当的教育方式，往往会感到力不从心、束手无策。

我深切地感受到，家庭教育素养是现阶段家庭教育的一个核心问题。一些亲子关系问题的根本原因是家长的家庭教育素养不够，缺乏引导孩子的有效方法。我们对北京市朝阳区的家庭教育调查显示：75.84%的家长会通过阅读育儿书籍寻找解决亲子教育问题的办法，还有一部分家长会通过网络媒体学习有关家庭教育的知识。家长对儿童成长中的困惑、如何管理儿童的情绪、亲子沟通的方法与技巧等方面的关注度较高，对儿童社会适应与抗挫折能力培养、儿童社会交往能力培养、儿童生理和心理发育规律与特点三个主题培训的期待值最高。

德国著名教育家福禄培尔说，一个国家的命运，与其说是握在掌权者的手中，倒不如说是掌握在母亲的手中。这句话其实是说家长在家庭教育中的关键作用。家长的家庭教育素养是家庭教育成功的关键因素，影响着"家校社"协同育人的理念，决定了家长能否和学校、社会形成教育合力。

法国的启蒙思想家卢梭曾说，世界上最没用的三种教育方式就是发脾气、讲道理和自我感动。有的家长在孩子学习和成长的过程中，过度干涉孩子，无效陪伴孩子，降低了孩子学习的积极性，对孩子产生了负面影响。

本书是一位父亲、一位家庭教育专家的呕心之作，是一本能够伴随孩子成长的家长手册。相信您读了这本书后能学会理性爱和有效陪伴。我希望更多的人因为这本书受益，成为对孩子的问题有觉察、有预判的智慧父母。

北京市朝阳社区学院院长
北京市家庭学校校长　　蔡芳

推荐序三

教育的智慧与陪伴的艺术

在教育的广阔天地里，我们既是耕耘者，也是探索者。作为大朋友教育机构的创始人之一、一位五岁半孩子的母亲和应用语言科学的在读博士，我一直在思考如何将教育的智慧融入工作和生活的点滴之中。

记得两年前，我和团队成员有幸聆听了本书作者刘启辉教授关于学习方法的讲座，刘教授深入浅出的理论讲解和信手拈来的案例分析让我们豁然开朗。此后，我们又一起研读了他的《学习好其实并不难——精熟高效学习法》，并立即将该书的学习方法融入教学中，教学水平得到了显著提升，师生关系也越来越融洽。

让我印象尤为深刻的是，团队成员在做年终述职报告时一致认为，刘教授的讲座是他们成长路上的指引之一。作为一位母亲，我在育儿的过程中也有过迷茫，刘教授的专业指导让我拨开迷雾。如今，刘教授将多年的研究成果和育儿智慧汇集成这本家庭教育的著作，并邀请我为其作序，这让我深感荣幸。拿到本书的样本之后，我便迫不及待地阅读起来，享受了一场精神盛宴。

有人说："教育不是灌输，而是点燃火焰。"作为一名深耕教育行业十几年的从业者，我见过了太多在成长过程中面临各种问题的孩子，比如学习兴趣不足的孩子、专注力不足的孩子、学习方法不当的孩子等，这些孩子给父母和老师带来了挑战。刘教授的这本书就像一盏明灯，照亮了我们解决育儿难题的道路。

冰冻三尺，非一日之寒。有时候家长当下遇到的育儿难题，往往是日积月累的结果。本书通过理论与实践的结合，帮助家长更好地理解孩子的发展需求，引导孩子自我成长。

本书以优秀父母的五项修炼为开头，抛出这样一个问题：家长养育孩子的目标是什么呢？成熟、独立、有责任感就是我们养育孩子的目标。

刘教授提到的父母的五项修炼是爱与无条件接纳，欣赏、肯定和鼓励，给孩子提供抱持性环境，沉浸式陪伴，接纳与规则。这五项修炼不仅是父母教育孩子的指南，也是家庭和谐与孩子健康成长的基础。

本书不仅是一本家庭教育指南，也是一本充满智慧与温度的作品。本书中不仅有对教育学和心理学理论的阐述，还有很多刘教授亲自辅导的学生案例。本书中既有对传统教育方式的深刻剖析，又有对现代教育理念的积极探索。我期待更多的父母在阅读本书的过程中产生强烈的共鸣。阅读本书，就像与一位智慧的教育者对话。本书不仅能解答父母的困惑，还能给父母心灵的慰藉和力量。

身为父母或者教师的你，或许会在育儿或教学的漫漫长路上遭遇迷雾，迷失方向。愿本书能给你指明方向。你所面临的难题，并非独属于你。如果你能在陪伴孩子成长的路上怀揣一颗探索的心，带着正念的觉察，那么曙光就在你眼前。

深圳市大朋友教育科技有限公司联合创始人
北京积极心理学生涯规划专委会委员　严龙凤
香港理工大学应用语言科学博士

推荐序四

做不完美但善于觉察的父母

提笔为启辉老师的新作写序，心中甚是喜悦，脑海里闪现出三十多年前启辉老师与我们共处的学习时光。启辉老师亲和谦逊，在与我们交流时，总是娓娓道来，慢条斯理，敦实的样子犹如他的属相，那时的我们尊称他为"牛老师"。

2004年，我有幸加入0~3岁孩子的早教行列。进入早教领域之后，我完全刷新了自己对教育的认知，开始对生命怀有敬畏之心。我曾许下这样的心愿：希望自己有一天能开一家专为0~2岁孩子服务的早教中心，早教费用根据各自家庭收入自愿缴纳。我之所以如此注重0~2岁孩子的教育，是因为此时无条件的爱、正确的教养方式等会让孩子对世界建立一种基本的信任感。

我已经在学前教育领域摸爬滚打三十多年了。在儿子就读香港大学后，我重新踏上了家庭教育之路。我希望我们都能做不完美但善于觉察的父母。每个孩子都该被看见，每个生命都该被宠爱，每个人的成长都应该有规划。为人父母，要将自己的内心修炼好，尽可能地给孩子提供一个安定的成长环境，将爱传递给孩子。

期待你翻开本书，用心品读。我相信启辉老师的思想精华定能滋养你。

北京师范大学教育管理学在职博士
南昌市红谷滩区东方爱幼幼儿园创始人　谭敏娟
兴智家庭教育公司首席技术官

自序

觉察自己的育儿理念，走出育儿误区

二十多年前，我从机关事业单位调入青岛理工大学，开始从事心理咨询的工作。三十而立之年，职业锚确定之后，我心态平和，以为自己再也不会因为工作、事业而起波澜。我以为自己能沉下心来，一心扑在工作上。

十八年前的春夏之交，我所在大学的三名大学生选择了自杀。在这类事件发生之后，我们学校分管此事的校领导就让我去核实：自杀的学生在新生入学筛查时是否被检出心理异常？自杀的学生是否去心理中心求助过？让我惊讶的是，自我从事心理咨询工作以来，那些非正常死亡的大学生在入学时没有被检出心理异常，也从来没有来心理中心求助过。我被这些事情压得喘不过气来，有一种深深的无力感。不求不助的心理咨询工作原则让我认识到了心理咨询工作的局限性。

痛定思痛之后，我决定走出象牙塔，为家庭教育鼓与呼。作为一名家庭教育工作者，我深感肩上的责任重大，有必要坚持呐喊，唤醒一些父母，提高父母的觉察。起心动念容易，但当我真的行动起来后，我发现困难重重。

一开始我将目光锁定在了去绘本馆的家长们身上，因为我觉得那些带孩子去绘本馆的家长，肯定非常注重培养孩子的阅读习惯。一个注重阅读的家长，肯定没有认知方面的问题。我该怎么让这些家长接受我、信任我呢？直到"慧心父母沙龙"开班的前一天，绘本馆负责人董老师告诉我："只有一个家长报名，怎么办？取消吗？"我毅然决然地说："哪怕只有一个人来听课，我也正常开课。"我不为别的，只为自己能帮一个家庭是一个家庭。

就这样，我举办了第二次沙龙、第三次沙龙……口耳相传，报名参加沙龙的人数最终达到了上限值。即使这样，我能帮助的家庭数量还是太少了。我究竟该怎样做才能帮助更多的家庭呢？后来，我积极参与妇联组织的家庭教育活动，通过电视台、电台等媒体来影响越来越多的家庭。

后来我又发现，"知"并不一定带来"行"，知易行难是一个千古难题。一些家长反馈，听我讲座的时候热血沸腾，恨不得马上行动起来，然而坚持不了多长时间，就不了了之了。这一现象让我觉察到，不是每个家长都能改变自己。为什么会这样呢？

一种原因可能是有些家长对家庭教育的认知不足。人教人，教不会，事教人一次就够了。吃一堑，长一智。如果家长用孩子的成长之痛来获得认知，甚至用孩子的死亡来获得认知，代价就太高了。我对家庭教育的认知源于我的工作，因为我接触了很多有关家庭教育的案例，目睹了太多的悲剧。坐在我面前的一些家长，尚未体验过家庭教育不当之痛，我该怎么让这些家长迅速与我产生共鸣呢？

有些人必须撞了南墙才回头，见了棺材才掉泪，见了黄河才死心。所以，家庭教育宣讲只能针对那些仅需要改变认知的父母。这些父母只要改变自己的认知，就会立即行动。

既然一场讲座影响的父母人数是有限的，那我就组织父母成长沙龙，用相对长的时间去影响一些父母，这样做的效果果真大于一场讲座的效果。后来，我觉得沙龙能够帮助的父母人数依然是有限的，有些父母依然没有正确的养育理念。

或许除了讲座、沙龙以外，书籍可以打破时空的局限，影响更多的家长，唤醒更多的家长觉察自己的育儿理念，这正是我写本书的初衷。十年前，基于同样的思考，我写了《其实你不懂孩子》一书。随着年龄的增长和临床经验的积累，我愈发觉得《其实你不懂孩子》的内容稍显青涩、粗糙。于是，在历经十年的磨炼之后，我在《其实你不懂孩子》一书的基础上，增加了育儿理念、亲子沟通、电子产品管控等焦点话题的讨论内容，篇幅改动颇大。与《其实你不懂孩子》不同，本书始终保持着平等的对话姿态，只想轻轻地唤醒你，增强你的育儿觉察。愿你在陪伴孩子的道路上步履轻盈。

刘启辉

目录

第一篇
优秀父母的五项修炼 / 001

第一节　养育孩子的最终目标 / 003
第二节　父母的第一项修炼：爱与无条件接纳 / 007
第三节　父母的第二项修炼：欣赏、肯定和鼓励 / 012
第四节　父母的第三项修炼：给孩子提供抱持性环境 / 016
第五节　父母的第四项修炼：沉浸式陪伴 / 025
第六节　父母的第五项修炼：接纳与规则 / 028

第二篇
陪孩子走过新生儿阶段 / 033

第一节　亲源性心理障碍与师源性心理障碍 / 035
第二节　不容忽视的安全感 / 037
第三节　早期的心理创伤与影响 / 043
第四节　是选择剖宫产，还是选择顺产 / 048
第五节　分离的情绪体验 / 052
第六节　安全又舒适的子宫环境 / 053

第七节　不同的照看者会给孩子带来不同的影响　/ 055

第八节　处理好分离焦虑，建立安全的亲子关系　/ 062

第九节　隔代抚养，父母不应该缺席　/ 066

第十节　呵护孩子离不开的依恋物　/ 071

第十一节　从依恋理论看养育　/ 074

第三篇
陪孩子走过婴儿期　/ 079

第一节　自主性发展　/ 081

第二节　如厕训练　/ 084

第三节　闲话打压式教育　/ 086

第四节　规则意识　/ 090

第五节　温柔地坚持规则　/ 092

第六节　冰冻三尺，非一日之寒　/ 097

第四篇
陪孩子走过幼儿期　/ 101

第一节　帮助孩子克服分离焦虑　/ 103

第二节　帮助孩子快速适应幼儿园的生活　/ 106

第三节　入园的意义不在于孩子在幼儿园里学多少知识　/ 109

第四节　家庭中的三角关系　/ 111

第五节　敏感期的能力发展与开发　/ 113

第六节　善于发现孩子的优点　/ 117

第五篇
陪孩子走过小学 / 121

第一节　该不该让孩子早上学 / 123
第二节　让孩子爱上学习 / 125
第三节　培养孩子的学习情感 / 133
第四节　塑造孩子的行为习惯 / 138

第六篇
陪孩子走过青春期 / 151

第一节　青春期与自我概念 / 153
第二节　家是孩子的港湾 / 156
第三节　为什么孩子会放弃学习呢 / 159
第四节　卷在中考 / 161
第五节　离家出走的背后 / 163
第六节　孩子学习成绩好的背后 / 165

第七篇
陪孩子走过高中 / 179

第一节　如何帮助孩子适应高一的学习生活 / 181
第二节　高度依赖教师型学习者 / 184
第三节　如何正确地看待排名 / 186

第四节　强大的学习工具之一：错题本　/188

第五节　强大的学习工具之二：思维导图　/191

第六节　教育笔记：学会化解孩子的负面情绪　/194

第七节　不求完美，但求坚持　/197

第八节　亲子沟通的技巧　/200

第九节　七分考，三分报　/208

第一篇
优秀父母的五项修炼

1

觉察寄语

　　缺少爱的养育会让孩子生无可恋。一味打压、贬低孩子并不能激发孩子的斗志，反而会摧毁孩子的生命力。家应该是为孩子遮风挡雨、赋能助力的地方，是孩子能够展示真实自我的地方，是孩子不用担心自己不被接纳的地方。最长情的告白是全身心投入的沉浸式陪伴。没有规矩，不成方圆。在家庭教育中，父母要找到爱与规则之间的平衡点。

第一节
养育孩子的最终目标

家长养育孩子的目标是什么呢？我的答案是让孩子成熟、独立、有责任感，从而能够满怀信心地独自面对生活的苦与乐。

作为家长的你是否思考过：你究竟想把孩子培养成什么样的人呢？如果你没有思考过，那你养育孩子的过程就好像是一场漫无目的的旅行，走到哪儿算哪儿。当然，有的家长虽然没有一个清晰的养育目标，但是在其内心深处是对孩子有要求的，不然就不会在孩子表现不好或者犯错的时候严厉地批评孩子，甚至动手打孩子。

我们常说的一个养育目标是，望子成龙，望女成凤。我觉得这样的养育目标是不清晰的，对养育孩子起不到具体的指导作用。

有一次，一位联合国教科文组织的干事在给我们讲课时谈到了养育孩子的目标，他是这样概括的："让我们的孩子成熟起来，让我们的孩子摆脱对父母的依赖，并获得独立，从而满怀信心地独自面对生活中的快乐与痛苦。"

为人父母的我们当然希望孩子永远健康快乐，然而，这只是一种美好的愿望。人生无常，一个人怎么可能会永远快乐呢？等孩子上了小学之后，健康快乐的梦想就被现实击得粉碎。随着年级的升高，孩子的快乐好像越来越少了。我的孩子就不止一次地跟我说，他最怀念的是幼儿园的时光，无忧无虑。

或许你会说："虽然我不能保证让孩子每天都快乐，但是我至少可以保证让孩子身心健康。"对此，我持有怀疑的态度。有一个初一的孩子跟我诉苦："刘老师，我只想知道我该怎样做才能不再掉头发。"在竞争激烈的现代社会中，一些孩子不可避免地出现了脱发、失眠等身体健康问题。除了关注孩子们的身体健康问题以外，我觉得我们还应该关注孩子们的心理健康问题。

《中国国民心理健康发展报告（2019—2020）》显示，2020年，中国青少年的抑郁检出率为24.6%，其中轻度抑郁为17.2%，重度抑郁为7.4%。分年龄段来看，青少年抑郁检出率随年级的升高而升高，小学阶段的抑郁检出率为10%左右，其中重度抑郁的检出率为1.9% ~ 3.3%；初中阶段的抑郁检出率约为30%，重度抑郁的检出率为7.6% ~ 8.6%；高中阶段的抑郁检出率接近40%，其中重度抑郁的检出率为10.9% ~ 12.5%。

《2022年国民抑郁症蓝皮书》显示，我国18岁以下抑郁症患者占总人数的30.28%。在抑郁症患者群体中，50%的抑郁症患者为在校学生，41%的患有抑郁症的学生曾因抑郁症休学。学业压力是压在青少年抑郁症患者身上的一座大山。健康和快乐对这群孩子来说是一种奢望。

"让我们的孩子成熟起来，让我们的孩子摆脱对父母的依赖，并获得独立，从而满怀信心地独自面对生活中的快乐与痛苦。"这句话之所以能够打动我，是因为这句话概括了养育孩子的过程和目标。孩子摆脱对父母的依赖，逐步成为一个成熟、独立、有责任感的个体，从而满怀信心地独自面对生活中的快乐与痛苦。其中成熟、独立、有责任感就是我们养育孩子的清晰目标。

一、成熟

什么是成熟呢？我认为，成熟不仅包括身体的成熟，还包括心智的成熟。一个男孩长得高大英俊，一个女孩长得亭亭玉立，这仅仅代表孩子们的身体发育成熟了。那么孩子们的心智发育成熟了吗？有的孩子一遇到不顺心的事就容易发脾气，不能控制自己的情绪。有的孩子不愿意承担责任，遇到事情时总想逃避或者将责任推给他人。有的孩子只考虑自己的感受和需求，不会顾及他人，不懂得换位思考。有的孩子不会处理复杂的问题。这些都是孩子心智发育不成熟的表现。父母不能只关注孩子的物质需求，还应该关注孩子的心智发展，不能让孩子成为一个"巨婴"。

二、独立

什么是独立呢？我认为真正的独立是指能够独立思考，自己做决定，既不会过度依赖他人，也不会完全不向他人求助。在面对纷繁复杂的外部世界时，真正独立的人能够坚守自己的初心，坚守自己的底线和价值观。在现实生活中，我们的孩子需要不断努力，追求真正意义上的独立，成为一个更加自主、自信的人。

三、责任感

什么是责任感呢？我们又该怎样培养孩子的责任感呢？

记得我小时候，我哥的一个同学，实在不是读书的料，连着留了四级，直到和我在同一个年级的时候，他直接和他父母说："爸，妈，我就不是读书的料，我如果继续读下去，就只会浪费你们的钱，与其这样，我还不如早点退学，去学一门手艺。"我觉得我哥的这个同学特别有责任感，知道心疼自己的父母，并想好了自己的出路。现在，有的孩子会用肚子疼、头疼等理由逃避上学，慢慢发展成不去上学。虽然以上两者最后都选择不上学，但是这两者不上学的理由是不一样的，这两者的差异源于责任感。

记得我上学时，父辈们最常对孩子们说的几句话是："孩子啊，打从今日起，你就开始上学了。能不能上学是你的事，供不供得起是我的事。你要是能上学，我就算砸锅卖铁也供你上。"几句话将父母与孩子之间的责任区分得特别清楚。

如今，有的父母会对孩子说："孩子，你只管好好学习，不用管其他的事。"有的家长让孩子一心只读圣贤书，不用干任何的家务活。等到哪一天，孩子的考试成绩不理想，有的父母就会对孩子说："我供你吃，供你穿，你竟然考这么差的成绩，你对得起我们的付出吗？"这句话就会让孩子认为他是为父母读的书。这类父母自然不容易培养孩子的责任感。

体验到学习压力和挫败感的孩子，在面对高度关注考试成绩的父母时，自然就会有各种心理防御机制。最简单、最直接的心理防御机制就是出现严重的躯体症状。孩子会用身体不舒服的理由逃避学习或上学。因为孩子知道，只要自己的身体不舒服，父母就不会逼着自己去学习或上学。当然，我这样分析的目的并不是让父母看穿孩子的伎俩，再对孩子施加语言暴力，而是提醒父母，孩子在释放求救信号，孩子快扛不住了。此时，父母需要改善与孩子的亲子关系。

谁不喜欢成熟、独立、有责任感的孩子呢？这样的孩子能够独自面对生活中的快乐与痛苦，担负起家庭、社会、国家赋予的使命。

有了养育孩子的目标后，父母该如何实现这个目标呢？实现目标的过程就像盖房子一样，首先要打好地基，再砌好墙，最后盖好屋顶。父母无条件接纳孩子、爱孩子就是房子的地基；父母欣赏、肯定和鼓励孩子，为孩子提供安全又温暖的环境，沉浸式的专心陪伴孩子就是房子的墙；让孩子遵守规则就是房子的屋顶。

第二节
父母的第一项修炼：爱与无条件接纳

爱能让生命延续，爱能让生命有价值感，爱能让人懂得爱、会爱。

一、爱能让生命延续

有过心理危机热线接听经验的人都知道，为了评估一个人走极端的可能性，最常用的一句试探的话是："请你闭上眼睛静静地想一想，这个世界上还有你值得留恋的人或事吗？"倘若对方回答"没有"，热线接听者就要启动危机干预机制，让警方准确定位对方所处的位置。如果一个人心无挂碍、生无可恋，那是非常危险的。

2015年6月9日，贵州省毕节市某乡的4名留守儿童在家中死亡。这4名儿童是一兄三妹，最大的哥哥13岁，最小的妹妹才5岁。警方的初步调查结论是疑似集体喝农药自杀。这起悲剧究竟是如何发生的呢？一句话："孩子们生无可恋。"

从后续的新闻报道来看，他们的母亲离家出走，他们的父亲常年在外打工。他们的父亲虽然没有在物质方面亏欠他们，但是在精神方面亏欠了他们。他们需要的仅仅是父亲每个月定期寄来的钱吗？当然不是。他们还需要父爱、母爱。因为这个世界上没有任何值得他们留恋的人或事了，所以他们就放弃了自己的生命。

二、爱能让生命有价值感

假设在你的面前有一个 3 岁左右的、长得非常漂亮的宝贝。如果我问你"你愿意将这个宝贝领回家，并将他抚养成人吗？"，估计你会摇头表示不愿意。如果我去问这个宝贝的父母"我需要给你们多少钱才能抱走这个小宝贝呢？"，这个宝贝的父母大概率会说多少钱都不行。对于大多数父母而言，孩子就是无价之宝。所以，我说，生命的价值最初源于父母之爱。如果一个人没有得到任何人的关注，他很难拥有存在感。

我再讲一个真实发生的案例。有一天晚上，某个女生宿舍的气氛特别欢乐，因为该宿舍的一个女孩的男友要来看她，她的舍友们都替她高兴。她还向舍友们打听了一些适合情侣们吃喝玩乐的地方。熄灯之后，大家就安然入睡了。

没想到的是，第二天凌晨，该宿舍的女生们被一阵急促的敲门声吵醒了。开门后，她们发现门口站着几个警察。一个警察问她们："你们宿舍里是否少了一个人？请你们下去指认尸体。"她们此时才发现，那个昨天晚上笑得最开心的女孩不见了。好端端的一个人怎么会走极端呢？后来警察翻看了这个女孩的手机信息，她的男朋友给她发了这样一条短信："其实我这次之所以过来找你，是因为我想跟你谈一谈分手的事情。"谁能想到这条短信竟然要了这个女孩的命！

后来，我通过多方打听得知，这个女孩来自一个特别重男轻女的家庭，小时候被寄养在别人家，后来回到了她父母的身边，但她始终无法修复心理的创伤。当有人爱她时，她会倾尽所有。当有人不爱她时，她觉得自己被整个世界抛弃了。如果她有爱她的父母，在遭遇分手时，她就不会那么轻易地走极端了。

三、爱能让人懂得爱、会爱

有女儿的父母最怕女儿走错情感路，有儿子的父母最怕儿子走错人生路。俗话说："穷养儿子，富养女。"我不知道大家是怎样理解"富养女"的。难道就是给女儿提供优越的物质条件，带女儿阅尽世间繁华吗？我认为，在情感上富养女儿要比在物质上富养女儿更重要。如果父母懂得怎么爱孩子，懂得分寸和边界，孩子的情感之路就会顺畅很多。

好多年前，我带过一个文科班，班里的女生较多。毕业的时候，一些学生会过来跟我道别。闲聊时，我自然会问一些学生的去向，比如某某考研了吗，某某找到工作了吗，等等。当我问到某个女生的时候，一个班干部欲言又止，最终还是对我说："老师，你要是不问起来，我原本不打算跟你说的。她在毕业前和一个男生私奔了。"

我一听，有点惊愕，因为"私奔"一词貌似只停留在我的认知里，从来没有在现实生活中遇到过。这都什么年代了，竟然还有人私奔。凭我的专业直觉，我觉得这又是一个不被爱的女孩。出于职业本能，我还是打听了一下这个女孩的原生家庭情况。不出所料，我的直觉判断是准确的。

我说："一个缺爱的女孩，特别容易在感情上犯错。有些缺爱的女孩不敢爱他人，有些缺爱的女孩不管谁都爱。一个缺爱的女孩，在面对异性的关心和示好时，往往会自动解读成男女之爱。女追男隔层纱，男追女隔座山。"我的学生一听我这样说，都点头表示同意，并对我说："这个和人私奔的女孩就是在公交车上被那个男孩搭讪的。那个男孩是一个汽车修理工，家庭条件很差。那个男孩因为无法在这个城市立足，就想回老家发展。这个女孩就如同飞蛾扑火一般，非得跟那个男孩走。她真让人担心啊！"

其实缺爱的女孩不容易维持亲密关系，因为她缺乏爱他人的能力。一个不知道爱为何物的人，怎么可能会爱他人呢？相爱容易，相处太难。多年之后的某一天，我又偶然得知了这个女孩的近况。这个女孩既没有获得长久的爱情，也没有得到面包，灰头土脸地从男方的家乡回来了。听到这个消息后，我唯有一声长叹。

既然爱如此重要，作为父母的我们就应该好好爱孩子。有人说："爱孩子，这是任何人都会做的事，可是教育孩子就不是人人都擅长的事了，它需要教育的智慧。"真爱是不附加任何条件的爱。在孩子小的时候，你不知道他以后会不会孝顺你，你也不知道他以后会不会成才，即使未来的一切都是未知的，你也依然会无条件地爱他。

随着孩子一天天长大，有的妈妈就会给孩子附带很多条件的爱，经常对孩子说："你要是再不听话，我就不要你了！""你要是再调皮，你就出去，我不要你了！"诸如此类的话会让孩子产生恐惧或焦虑的情绪。

真爱不会因为孩子做了什么或者不做什么而消失。真爱不会管孩子是优秀还是不优秀，只因为"你是我的孩子，我就爱你"。在孩子遇到问题的时候，懂得爱的父母会和孩子站在一起解决问题，不懂得爱的父母总是和问题站在一起指责孩子。有的父母甚至会对孩子说："我怎么会生出你这样的孩子呢？！""你真的给我丢人现眼啊！"

记得多年前，我和他人一起组织了一次夏令营活动，旨在活动中引导孩子们认识自我、接纳自我、发展自我。为了让孩子们觉察自我，我们让孩子们在五分钟的时间内迅速写下"我……"。不假思索的反应是最真实的。结果，一个小学五年级的男孩写下了这样一句话："我很贱！"我们看到这句话后面面相觑。为了维护这个男孩的自尊，课后我们把他叫到安全区，问他："为什么你会这样说自己呢？"没有想到，这个男孩梗着脖子说："老师，难道我不是这样的吗？我妈妈天天这样说我啊！"我瞬间涌起一阵悲哀，我为他有这样的父母感到悲哀。

如果父母对孩子的爱附加了太多的条件，孩子就容易产生各种心理问题，比如自残。如果你问自残的孩子"为什么你要这样对待自己呢？"，他大概会说，只有痛才能让他感觉自己还活着。

孩子如果不被父母看见、爱着，就容易跌入深渊。父母对孩子的爱才是孩子的存在之源、价值之源、意义之源。孩子如果不被父母看见、爱着，就容易觉得生无可恋。去爱孩子吧，不要附加任何条件。

第三节
父母的第二项修炼：欣赏、肯定和鼓励

> 孩子会从父母的眼中看到自己。如果父母欣赏、肯定孩子，孩子就容易感受到自己的存在感、价值感。如果父母鼓励孩子，孩子就会知道父母不仅能接受表现优秀的自己，也能接受不完美的自己。

父母只有爱孩子，才能接纳孩子。父母如果不接纳孩子，就不会欣赏、肯定和鼓励孩子。有的家长之所以看不到自己孩子的好，是因为他总是拿自己的孩子和其他孩子做比较，对自己的孩子怀有很高的期待。

其实你仔细辨析一下就会知道，"欣赏、肯定"和"鼓励"是不一样的。"欣赏、肯定"的前提是孩子做好了事情。"鼓励"往往发生在孩子没有做好事情，甚至遭遇了失败的时候，父母给孩子加油、打气。

"欣赏"在字典中的意思：

（1）享受美好的事物，领略其中的情趣；

（2）认为好，喜欢。

我们很容易在新手父母眼里看到欣赏孩子的眼神，新手父母此时全然地接纳自己的孩子，觉得自己的孩子是最好的，根本听不得别人说半句孩子的不好。我有一次在公交车上，听到一位妈妈兴奋地和别人分享她家孩子的趣事："我告诉你啊，我家孩子这两天竟然能够将这两个手指交叠在一起了。"这位妈妈毫不掩饰自己对自家孩子的喜爱。

在孩子小的时候，大部分父母满心喜悦地看着自己的孩子，不比较，

全然地接纳孩子。我从来没有听说哪个妈妈或爸爸会对自己一岁多的孩子说："你要是不好好学走路，我就揍你。"因为妈妈或爸爸坚信："只要我孩子不是天生残疾，我就坚信我孩子一定能学会走路。"虽然父母弓着腰把着孩子的手学走路，非常累，但是我没有见过哪个父母因此抱怨的。孩子越小，父母越能接纳孩子。也许父母只需要凭着本能就能养好孩子。

随着孩子一天天长大，有些父母开始指责、批评孩子，忘记了他们的初心，忘记了多欣赏、多肯定、多鼓励自己的孩子。

心理学上有一个皮格马利翁效应，又称罗森塔尔效应，它是指一个人对另一个人行为的期望成为自我实现的预言的现象。1968年，美国著名的心理学家罗森塔尔和助手们来到一所小学，随机选择了一些学生，并让这些学生参加了测验。之后，罗森塔尔将一份"最有发展前途者"的名单交给校长和相关老师，并叮嘱他们务必保密，以免影响实验的准确性。

几个月后，罗森塔尔对这些学生进行复试，奇迹出现了——凡是上了名单的学生，各科成绩都有了较大的进步，且性格活泼开朗，自信心强，求知欲旺盛，更乐于和别人打交道。实际上，名单上的学生都是罗森塔尔随机挑选的，罗森塔尔撒了一个"权威性谎言"。

说到这里，我想起了多年前的一件事。一位妈妈带着自己上初三的女儿来找我求助。评估完这个女生的情况之后，我对她的总体印象是文化课的基础有点差，她又面临中考，时间太紧张了。她想在短时间内迅速提高自己的文化课成绩，以便能通过中考，我觉得这是不可能的，于是我建议她走特长生这条路。

巧的是，这个女生的妈妈对我说："我们家孩子小时候学过儿童画，最近又重新捡起了画笔，学了两三个月的素描。"我赶紧对这位妈妈说："你手机上有孩子作品的照片吗？"这位妈妈就从手机上找了一张照片给我看。我看完之后发现，虽然这个女生只学了两三个月的素描，但是她学习的效果很不错。

我对这个女生说:"我的书稿正好需要一幅手绘的思维导图。你可以帮我画一张吗?如果你愿意,我可以和编辑沟通一下,让编辑在插画作者那一栏署上你的名字。"我当时还让这个女生给我画了一张肖像画。我的微信公众号头像就是这个女生给我画的肖像画。第二年中考,虽然这个女生的文化课成绩没有达到普高线,但是她绘画的专业课成绩很好,她如愿考上了一所私立高中。后来这个女生的发展就像一路"开挂"了一样,靠着绘画的特长考上了山东大学。

我的一个朋友告诉我,她家孩子在3岁左右时,老是不听话,行为叛逆。我的这个朋友实在没有办法了,就沉下脸来对待她的孩子。她的孩子很会看她的脸色,看到她下班回到家,马上迎上来,殷勤地说:"妈妈,我帮你拿包吧。"我的这个朋友不禁夸赞孩子:"乐乐真棒!你是世界上最好的孩子!"我的这个朋友本以为自己的肯定会对孩子起作用,孩子会继续听话、懂事,然而第二天孩子就恢复原形了。

我问我的这个朋友:"孩子的哪个行为让你感到开心了?"

我的这个朋友说:"那当然是他过来帮我拿包啦。"

我说:"那你肯定孩子时要具体化啊,你可以说,乐乐真棒,看到妈妈回来,就知道跑过来帮妈妈拿包。"

家长要及时、准确、具体地肯定孩子。这样做能让孩子知道自己哪种行为得到了肯定,孩子就容易重复这种行为。

有一天,一个妈妈领着6岁多的孩子去买菜。这个妈妈的身体最近有些不舒服,于是她就请孩子帮忙提着菜,孩子稍加犹豫就同意帮妈妈提着菜。这个妈妈就马上夸孩子:"宝贝真是长大了,能帮妈妈拎菜了,真是一个男子汉。"奶奶一开门就看到孙子提着菜,也夸孙子:"我的大孙子真的太棒了,都能帮妈妈拎菜了!"自从那天之后,孩子就老是问妈妈什么时候去买菜。几天之后，母子俩又出去买菜了。因为买的菜有点多，这个妈妈就心疼孩子，不想让孩子提着菜。孩子却一再强调菜一点儿都不沉，坚持将菜提回家。

如果家长看不到孩子的付出和进步，一味地贬低孩子，孩子最终会陷入习得性无助的泥潭。孩子放弃努力和尝试，还有比这更可怕的事情吗？

多年前，有一个孩子跟我说，她的名次常年保持在班上二十多名。有一次她好不容易考了第七名，满心欢喜地想和妈妈分享这个消息。一下校车，她就一路小跑着回家，推开家门，看到妈妈正在厨房里忙活，兴奋地喊道："妈妈，我考了第七名！"没想到她妈妈直接说了一句："你别嘚瑟，你没看到你和第一名差多少分吗？"她对我说："刘老师，你知道吗？我就是从那天开始决定不学习的。"我说："为什么？"她说："我努力了，我进步了，可是我妈看不到。那么我的努力还有什么意义呢？"

为了提升这个孩子的自信心，我让她做了一次瑞文标准推理测验。果不其然，这个孩子非常聪明，她得了一个 A（top5%）。特别有意思的是，我在整理我电脑上的资料时发现，这个孩子偷偷地在我电脑上做了好几回瑞文标准推理测验。可见，这个孩子多么需要他人的肯定啊！

第四节
父母的第三项修炼：给孩子提供抱持性环境

> 家是港湾，孩子就是小船，小船终究要驶向辽阔的大海。遇到大风大浪时，港湾随时等待着漂泊的小船。风平浪静时，得到补给的小船又可以继续远航。

抱持性环境是一种充满爱的、支撑性的、包容性的成长环境。在这种环境中，父母会在孩子表现良好时给予认可，也会在孩子遇到挫折时提供无条件的接纳和支持。抱持性环境的核心在于不贬低、不评价、不限制孩子，让孩子在一个充满爱和信任的环境中成长。

一、教养方式的类型

针对家长的教养方式，美国的一个心理学家提出了两个维度：一个维度是"要求"，是指父母对孩子的管束、监控程度；另一个维度是"反应"，简单地说，是指父母对孩子的关爱、支持、鼓励、赞赏程度。

要求较高的父母总是过多地限制孩子，对孩子提出很多要求，并主动检查孩子的行为，以便确保孩子遵守规则。要求较低的父母较少限制孩子，对孩子提出的要求少，给予孩子一定的自由。

反应程度较高的父母会对孩子微笑、赞赏、鼓励，会表达自己对孩子的爱，也会在孩子犯错时严厉批评孩子。反应程度较低的父母经常批评、贬低、惩罚或忽视孩子，很少与孩子进行语言交流。

要求的高和低、反应的高和低两两组合构成了四个象限，每个象限构成一种教养方式，如下图所示：

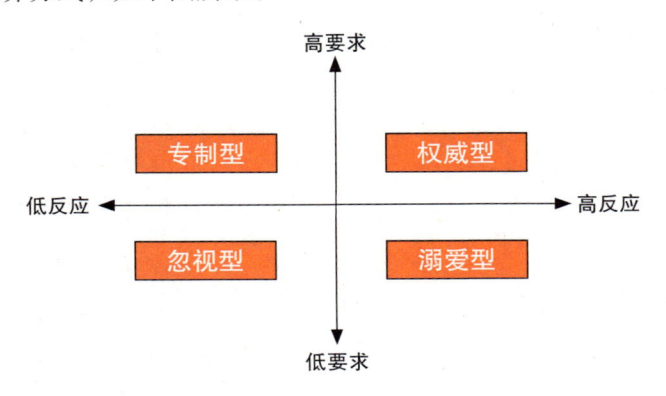

```
                    高要求
                      |
          专制型       |       权威型
                      |
    低反应 ───────────┼─────────── 高反应
                      |
          忽视型       |       溺爱型
                      |
                    低要求
```

（一）专制型教养方式

低反应与高要求构成了专制型的教养方式。专制型的父母会设定很多的规则，要求孩子严格遵守这些规则，很少向孩子解释为什么要遵守这些规则，经常使用强制的方式逼迫孩子顺从。专制型的父母基本上是自己说了算，很少倾听孩子的想法，不会和孩子进行深入的沟通，期望孩子把他们的话奉为金科玉律，尊重他们的权威。

（二）权威型教养方式

高反应和高要求构成了权威型的教养方式，这是一种既有控制又有变通的教养方式。这类父母通常会对孩子提出许多合理的要求，也会认真地向孩子说明为什么要遵守规则，并确保孩子遵守规则。与专制型的父母相比，权威型的父母能倾听和接纳孩子的想法，常常让孩子参与家庭决策。权威型的父母对待孩子的方式是理智、民主的，而非严厉、专制的。

（三）溺爱型教养方式

高反应与低要求构成了溺爱型教养方式。溺爱型的父母很少对孩子提要求，允许孩子自由表达自己的感受和欲望，不会密切监控孩子的活动，也不会严格控制孩子的行为。

（四）忽视型教养方式

低反应与低要求构成了忽视型教养方式，这是一种极端宽松、不闻不问的教养方式。这类父母要么拒绝自己的孩子，要么整日被工作或者生活的问题困扰，没有时间和精力管孩子。

二、不同的教养方式对孩子学习成绩的影响

不同的教养方式究竟会对孩子的学习成绩产生怎样的影响呢？

我曾经做过一个调研，试图探寻不同的教养方式对孩子学习成绩的影响。我简单地将学习成绩排名分成三个档次：班级前 1/3、中间 1/3 和后面 1/3。

结果发现，那些学习成绩排名在班级前 1/3 孩子的父母，多是权威型的。换句话说，权威型的父母更容易养出学习成绩好的孩子，而忽视型的父母不容易养出学习成绩好的孩子。

专制型的父母也能培养出学习成绩好的孩子。我试着分析了一下原因。我们先来回顾一下专制型父母的特征：专制型的父母会设定很多的规则，并要求孩子严格遵守，很少向孩子解释为什么要遵守这些规则，经常使用强制的方式逼迫孩子顺从。专制型的父母基本上是自己说了算，很少倾听孩子的想法，不会和孩子进行深入的沟通，期望孩子把他们的话奉为金科玉律，尊重他们的权威。

如果孩子的天赋不错，在专制型父母的教养下，年龄尚小的孩子相对顺从，就能获得一个不错的学习成绩。学习成绩好又让孩子享受到了鲜花和掌声。外在的积极评价和反馈又会促使父母继续使用这种教养方式。当孩子处在青春期时，孩子的自我意识逐渐增强，孩子不断要求被看见、被

尊重，这容易引发亲子问题。当鲜花、掌声不在的时候，孩子就容易怀疑人生。

专制型的父母又被称为直升机式的父母、控制型的父母，其典型特征是高要求，忽视孩子的感受和需求，这类父母的教养方式存在一定的隐患。北京大学的徐凯文副教授提出过"空心病"的概念。"空心病"是一个比较形象的说法，更准确的说法应该是"价值观缺陷导致的心理障碍"。"空心病"患者表现为情绪低落、兴趣减退、快感缺乏。如果"空心病"患者到精神科医院就诊，容易被误诊为抑郁症，但问题是，治疗抑郁症的药物对该类患者无效。孩子的感受和需求从不被看见、从不被重视，孩子就像一个提线木偶一样，感受不到自己存在的价值和意义。

三、家应该是孩子随时停靠的港湾

我经常说，有些父母是孩子的"神助攻"，而有些父母是孩子的"猪队友"。

我觉得家应该是港湾，小孩就是一艘小船，小船终究要驶向辽阔的大海。在遇到大风大浪时，港湾随时敞开怀抱接纳漂泊的小船。在风平浪静时，得到补给的小船再次远航。也就是说，理想的家应该具备为孩子遮风挡雨、补给赋能的功能。说到这里，我觉得父母应该对孩子说："孩子，你大胆地去闯吧，我们永远是你坚强的后盾。"

（一）安全感是孩子主动探索外在世界的基石

当幼小的孩子试着离开妈妈的时候，他会时不时地回头确认妈妈的位置，时不时地爬回妈妈的身边，冲着妈妈笑一笑。如果妈妈给予孩子温暖的回应，孩子就会咯咯笑着爬向远方。倘若孩子发现妈妈不在自己的视野范围内，他就很难安心地玩下去。有家作为安全的港湾，孩子才能放心远航。

一些厌学、惧学的孩子面临两个问题：家是否安全？外面是否安全？如果家不够安全，孩子就没有能力远航。如果外面不够安全，孩子只能退守在家。

有一个上五年级的男孩，已经半年多时间不出门了，不仅不愿意去上学，也不愿意走出自己的家。当这个男孩的妈妈通过电话和我说这件事时，我说，最好让这个男孩过来找我。结果，这个男孩的妈妈说："无论我怎样劝，孩子都不愿意出门。"我说，实在不行，那就父母过来吧。结果我等来的竟然是两位女性。我开始思考：为什么不是一男一女呢？这两个人又是什么关系呢？……

细问之下，这个男孩的妈妈说："我老公半年前猝死了。因为我从来没有做过心理咨询，有点忐忑，所以我让闺密陪着我。"我说："心理咨询是一件私密的事，你确定自己需要你闺密陪着吗？"结果这个男孩的妈妈说自己确定。

从交谈中，我得知这个妈妈平时忙着做生意。好在男孩的爸爸工作很清闲，一周干两天，休五天，并且非常疼爱孩子，所以爷俩的关系特别好。我立马警觉起来，问这个妈妈："孩子是从爸爸去世之后开始不上学的吗？"

这个妈妈说："是的。"

我说："自从孩子爸爸走了之后，孩子是不是要求和你睡在一起呢？"答案是肯定的。

我大概猜到了原因。这个男孩的安全感严重缺失。试想一下：这个男孩从学校回来之后，发现爸爸去世了，他哪敢再去上学啊？如果他从学校回来，又发现妈妈去世了，那该怎么办呢？这就是孩子的思维。所以他哪里都不去，他要守着这个家。不出门，要求和妈妈一起睡，都是孩子缺乏安全感的表现。

这个妈妈没有领会到孩子的真实意图，反而觉得孩子不懂事。妈妈这样做又会加剧孩子内心的不安感。妈妈如果想让孩子去学校，就先让孩子充满安全感。如果孩子担心失去妈妈，妈妈就给孩子做出承诺，承诺自己一定会好好活着。如果孩子要求和妈妈一起睡，妈妈就和孩子一起睡，缓解孩子的不安情绪。

一段时间之后，这个妈妈给我打了一个电话，说孩子已经去上学了，生活又回到了正轨。

我们再来看看以下这个故事：

在我十几岁的时候，我母亲患上了严重的肺病，饥饿、病痛、劳作伴随着母亲，我们这个家庭因此陷入了困境。我看不到光明和希望，感到极度恐慌，害怕母亲随时会自寻短见。我每次外出归来，一进大门就高喊母亲，听到她的回应后，我心中的那块大石头才会落地。我如果没有听到母亲的回应，就会心惊胆战，到处寻找母亲的身影。有一次，我找遍了所有的房间都没有见到母亲的身影，我便坐在院子里大哭。这时母亲背着一捆柴草从外面走进来。母亲对我的哭泣很不满，但我又不能对她说出自己的担忧。母亲最终看穿了我的心思，她对我说："孩子，你放心，虽然我活得没有一点乐趣，但是我不会主动寻死的。"

这位母亲的过人之处在于她能读懂孩子的心思，从而消除孩子内心的恐惧。

（二）外界环境会影响孩子的安全感

还有一些不愿意上学的孩子，之所以感到内心不安，是因为师生关系或者同学关系不和谐，学业压力大，等等。这些不良因素犹如外边的风浪，逼着孩子去寻找安全的港湾。

记得有一次我和二中（山东省青岛第二中学）的一位家委会主任一起在电视台做节目。这位家委会主任是一位女性，她的智慧之处在于她能接纳孩子的情绪。高一刚开学，她就主动对孩子说："早就听说二中特别卷，学习压力特别大。你如果实在扛不住了，一定和妈妈说，大不了你可以休学一年。"后来孩子体会到了学习的压力，就对妈妈说自己感觉很累。这个妈妈说："你如果真的扛不住了，就可以休学一年。"孩子反而说："我再扛一扛。"这一扛，孩子就真的扛过去了。

安全感对孩子来说非常重要。有些父母却忽视了孩子的安全感，总觉得孩子没病没痛的，孩子就是无病呻吟。

除了养育方式不当会让孩子缺乏安全感以外，父母关系紧张、喜怒无常等也会让孩子缺乏安全感。父母是孩子的天与地，父母关系不好对孩子来说犹如天崩地裂。

记得有一次，我给一个孩子评估学业情况。这个孩子的父母都是二十世纪九十年代的大学生，按理说孩子的遗传基因不差，可是孩子的学习成绩不理想。这个孩子在评价父母之间的关系时，写了一个比较低的分数。我有些好奇，就问这个孩子："你给父母之间的关系评了3分（满分7分），你可以说说为什么吗？"这个孩子的眼圈瞬间就红了，带着哭腔说："他们俩经常吵架。"孩子的父母坐在旁边，面面相觑，有点不知所措，还想试图解释什么。我示意孩子的父母先不要说话。我继续对孩子说："每当你的父母吵架时,你会想什么呢?"

孩子说:"我担心他们俩会离婚。"说完这句话之后,孩子的眼泪流得更厉害了。

我接着问孩子:"当你的父母吵架时,你的感受是什么呢?"

孩子说:"我担心、害怕,没有心情读书、写作业,上课时还经常走神,老是想起父母吵架的情形。"

孩子的父亲有点坐不住了,尴尬地说:"最近我和孩子妈妈的关系好多了,之前我因为工作不顺利,确实和孩子妈妈吵了不少架。"

我接着问孩子:"你希望自己的父母是什么样的呢?"

孩子说:"我希望自己的父母不再吵架,一家人和和美美的。"

(三)父母会影响孩子的安全感

说到这里,我不由得想起两句话:一句话是"家和万事兴",另外一句话是"贫贱夫妻百事哀"。或许正应了那句话——爱孩子的最好方式就是爱他的爸爸或者妈妈。夫妻关系是家庭的核心关系。父母之间频繁争吵会让孩子平添烦恼。如果父母因为频繁争吵,最终选择离婚,各自重新组建家庭,那么孩子就成了那个最受伤的人。对孩子而言,家不再是过去的那个家,而是一个分崩离析的家。

江山易改,本性难移。一个人的本性大多是天生的。如果父母动不动就朝着孩子发脾气,孩子就会生活在一个没有安全感的环境中,天天惴惴不安。出于求生的本能,孩子不得不学会察言观色,避免踩到雷区,如此这般才不会遭罪。久而久之,孩子就容易形成迎合型人格。

有的父母可能会说:"我就是这个臭脾气,我改不了。"我想对这类父母说:"你改不了自己的脾气,难道你还改不了自己的表达方式吗?"

父母应该关注孩子的情绪、情感，并及时准确地回应孩子，而不仅仅是满足孩子的物质需求。

四、努力做一个温暖的人

我觉得，一个温暖的人能够关注到他人的情绪，并且给予恰当的回应。

我的个子矮。记得我决定到山东工作时，我的研究生导师语重心长地对我说："难道你不担心自己找不到对象吗？"我理解导师的担心，他怕我因为身高矮在山东找不到对象。我和我爱人是经人介绍认识的。我爱人在第二次跟我见面时，就换了一双平底鞋。在那个当下，我就认定我爱人是一个温暖的人。

温暖是情商高的一种表现。温暖的人在与他人互动时，能识别他人的情绪，能得体地回应他人。有些人对同事、朋友、陌生人彬彬有礼，而对自己的家人毫不客气，甚至伤害自己的家人。这些人之所以会这样，是因为他们与同事、朋友、陌生人之间的交往是意识层面的互动交往，会时时注意自己的言行；而与家人之间的交往是潜意识层面的互动，说话、做事比较随意。父母在与孩子相处时，要将无意识的状态变成有意识的状态，学会控制自己的言行，摆脱原生家庭的影响，改变自己与孩子之间相处的方式，改善亲子关系。

一个人如果能感受到家庭的温暖，就不会轻易地走极端，而是浑身充满力量，砥砺前行。

第五节
父母的第四项修炼：沉浸式陪伴

有的父母只顾着玩手机，忘记了沉浸式陪伴孩子，破坏了亲子关系。所谓父母子女一场，就是看着孩子渐行渐远的过程。孩子和父母待在一起的时间屈指可数，请珍惜这短暂的亲子时光吧。

孩子升入高中后，开始了在学校里住宿的生活，父母就几乎成了孩子的看客。父母很快就会发现自己无法参与孩子的生活了，对孩子也起不了多少作用了。亲子相处的美好时光就是这么短暂。

孩子从小和父母形成的依恋关系是未来父母教育孩子的前提和基础。3岁之前是孩子和父母建立依恋关系的重要时期。孩子的年龄越小，越依恋父母。如果孩子依恋你，那么不管你说什么，孩子都会听。在这个阶段，孩子很容易被教育。

孩子依恋父母是父母教育孩子的心理资本。如果父母没有这个心理资本，对孩子缺少心理上的影响力和控制力，教育孩子这件事就会变得很困难。早年形成的依恋关系是父母教育孩子的前提。关系胜于教育。不注重亲子关系而一味追求学习成绩的父母注定要吃苦头。

有人感慨，别人的孩子是来报恩的，而自己家的孩子是来复仇的。报恩得有恩可报，复仇得有仇可复。记得很多年前，我的一个同行给我讲了一个咨询案例。来访者毕业于顶级"985"高校，然而他毕业后一直不去上班，在家"躺平啃老"。当我的这个同行询问这位来访者这样做的原因时，他说："我情愿毁掉我的一生，我也不能让我父母开心，因为他们伤我伤得太深了。"或许这就是复仇的极端表现。父母的高压管教在孩子的心里种下了仇恨的种子。

我再举一个例子。假如有一天学校老师打电话告诉你，你的孩子在体育课上受伤了，已经被送到医院了，希望你请假过来。于是，你向领导请假，你可能会遇到什么类型的领导呢？有一种领导铁面无情，对你说："现在是上班时间，孩子有学校老师照顾着，你先把手头上的工作干完，你等下班的时候再过去。"请问这个时候，你能将手头上的工作做好吗？一个人在情绪很糟糕的时候是无法将事情处理好的。同理，如果孩子的情绪状态不好，他就很难提高自己的学习成绩。

另外一种领导，听完你的解释之后，立马对你说："再大的事也大不过孩子的事，你先将自己的工作放一放，我会安排别人去做。你身上的钱够不够？不够的话，你去财务那里预支一些钱。还有，在这种情况下，你千万不要自己开车去，我让司机送你过去。"如果你遇到了这样的领导，你会怎么做呢？你一定会感激涕零，铭记在心，知恩图报，努力做一个好员工。人心都是肉长的，大人如此，孩子亦然。如果父母陪伴孩子的质量足够高，孩子一定会成为一个好孩子。

有人调侃说，一个家庭最大的不幸是，缺失的父亲，焦虑的母亲，失控的孩子。此处的"缺失"是指陪伴孩子的时间不够。亲子陪伴不能仅是"物理的存在"。有的父母只有"陪"，没有"伴"，看似待在孩子的身边，实则玩着手机，没有做到积极回应孩子。

所谓沉浸式陪伴，就是父母放下一切，全心全意地陪伴孩子，就像孩子小的时候，父母陪着孩子一起玩骑大马、躲猫猫等游戏，完全沉浸在游戏当中，感受游戏的快乐与美好。

有那么几年，我特别喜欢自驾游。我之所以喜欢这样的出行方式，主要是因为我和我爱人都在学校里工作，有相对多的空闲时间。还有一个原因是我的老家在南方，每年一家人像候鸟一样来回迁徙，自驾游正好可以让我们欣赏沿途的风景。现在想来，如果我不是出门旅游，那么我的时间不是交给工作，就是交给求助者。只有出门在外旅游时，我才能放下一切，专心地陪伴孩子。一家人坐在一个车里，可以聊很多的话题。虽然我的孩子目前正处在青春期，但是我的孩子和我无话不谈。

一位联合国教科文组织的干事在给我们讲课时说，他家每周都有家庭时间，在家庭时间内，关掉手机，专心陪伴孩子，和孩子一起参与家庭活动，比如一起弹琴唱歌，一起外出野餐，等等。陪伴是最长情的告白。

说到这里，我觉得心理咨询本身就对咨询者有积极的作用。背后的道理很简单。在固定的时间、固定的地点，有一个人能放下一切，专心聆听咨询者诉说，陪伴咨询者成长，这就是咨询者疗愈的开始。

第六节
父母的第五项修炼：接纳与规则

> 无规矩，不成方圆。如果父母溺爱孩子，孩子就容易缺少边界意识与规则意识。如果孩子需要遵守的规则太多，缺少家庭温暖，亲子关系就容易变得紧张。父母要在接纳与规则之间做好平衡，让孩子的生命充盈起来。

一、不能忽视培养孩子的规则意识

人的成长就是一个社会化的过程。"社会化"是社会学的一个专业术语。所谓"社会化"，就是个体在特定的社会文化环境中，学习和掌握知识、技能、语言、规范、价值观等社会行为方式和人格特征，适应社会，并积极作用于社会、创造新文化的过程。个体通过社会化学习社会中的标准、规范、价值和所期望的行为。个体的社会化是一种持续终身的过程。总而言之，社会化就是一个人从"原始我"向"社会我"转化的过程。

如果父母只重视前面四项的修炼——爱与无条件接纳，欣赏、肯定和鼓励，给孩子提供抱持性环境，沉浸式陪伴，却忽视了对孩子规则意识的培养，那么孩子将很难完成社会化的过程。一个人从出生到去世的过程，多是由学习、工作和生活三部分构成的。

在孩子生命的最初阶段，父母大多能及时、准确地回应孩子的需求。随着孩子年龄的增长，孩子的需求从本我的生存需求慢慢扩展到社会性需求，比如玩玩具、玩游戏的需求等。如果在这个时候，父母还是一味地过度满足孩子，就有可能走向一个极端——溺爱孩子。中国有句古话："惯子如杀子。"从学习的角度来看，一个娇生惯养的孩子很难吃学习的苦。从工作的角度来看，一个娇生惯养的孩子很难吃工作的苦，缺乏责任感，喜欢应付了事。从生活的角度来看，一个娇生惯养的孩子很难懂得节俭，自私又缺乏同理心，不懂得感恩。

二、不能一味地顺着孩子

说到这里，我不得不提醒一些家长。有些家长误读了某些教育理念，认为顺应孩子的天性就是一味地顺着孩子。我曾经接到过一个求助案例，父母求助我的原因是他们家二宝才上初中，就断断续续地不去上学了。他们都是"70后"的大学生，有自己的公司。为了防范风险，父亲还去别人的公司工作，结果在短时间内就坐上了高管的位置。他们的人生是非常励志的，也是非常成功的。他们家的大宝目前在世界排名前100的高校就读。

继续沟通得知，他们都是"城一代"，也是"创一代"。到二宝出生的时候，他们家的经济状况非常好。随着经济条件的改善，可选择的人生路就多了不少，他们所接触的人也不一样了。受一些人的观念影响，他们认为二宝以后要出国，要接受西方的快乐教育，不能让二宝受委屈。在这种思想的影响下，他们的养育理念发生了变化。于是，他们在养育二宝时，选择快乐教育，二宝怎么开心就怎么来。等上了小学之后，二宝只要不想写作业，就不写作业。不管学什么特长，二宝只要一闹别扭、喊累，说放弃就放弃。如今二宝不但不上学，还沉迷于玩手机。他们对二宝几乎失去了控制力。

我觉得有些父母对西方的教育误解得太深了。西方的精英教育绝不等同于快乐教育。西方的教育一样强调让孩子遵守规则。

三、要在接纳与规则之间做好平衡

有的家长问："接纳孩子和让孩子遵守规则冲突吗？"我觉得这两者并不冲突。家长需要在这两者之间找到平衡点，做到既要接纳孩子，又要严格要求孩子，给予孩子家庭的温暖。家长该怎样做到平衡呢？

我给大家举一个简单的例子。孩子们在学习传统武术的时候，教练一般会先让孩子们热身，最常见的热身运动是踢腿。教练一般会规定好踢腿的起点和终点。细心的家长会注意到，不同的孩子会有不同的表现。有的孩子会采取糊弄的态度，踢了一段距离后，就不好好踢腿了，甚至会选择走过去。如果家长任由孩子以这样的态度做事情，那么孩子在做其他事情时也容易采取糊弄的态度。有的孩子就会认认真真地踢腿，一丝不苟地踢到终点。孩子在一件事上的表现也会反映在别的事情上。凡事都认真对待的孩子，很容易将事情做好。比如老师要求孩子们抄写5遍生字，有的孩子为了追求快，用眼睛看着书本，用手使劲写字，压根就不走心，这样做会有什么好的学习效果呢？

如果孩子在练习踢腿的过程中，动不动就喊累，父母又因为心疼孩子，不让孩子学了，这样的养育方式不是顺应孩子的天性，而是由着孩子任性。孩子如果吃不了学习的苦、生活的苦，将来能有什么成就呢？

有的孩子会在训练的过程中喊苦、喊累，但只要老师或者父母稍加激励，孩子就能高标准完成任务。这类孩子的父母需要多欣赏、多肯定、多鼓励孩子。

有的孩子具有自驱力，靠自我约束就能高标准完成任务。有自驱力的孩子，自我要求高，本身就具备一定的胜任力，能在枯燥的练习过程中获得成就感。孩子如果只有外在的约束，没有自我的控制和驱动，就很难长久地坚持下去。

四、父母该如何满足孩子的需求呢

在教育孩子的过程中，父母还会遇到如何满足孩子需求的问题。我将父母的应对原则分为三类：即刻满足、延迟满足和不予满足。

孩子小的时候，大部分的需求是生存需要——吃喝拉撒睡，此时父母应该遵循的原则是即刻满足。随着孩子年龄的增长，孩子的需求也发生了变化。同样是吃，在孩子小的时候，父母给什么，孩子就吃什么，而等过了这个阶段，孩子会主动要求吃什么、买什么样的零食等。面对孩子买零食、买玩具等方面的需求，父母该如何满足呢？

延迟满足的典型特征是可以满足，但需要等待，往往发生在孩子的要求有点过分，父母满足起来有点困难的时候。延迟满足也会发生在父母有意识地控制孩子的某些需求、锻炼孩子自控力的时候。父母如果什么都满足孩子，就容易溺爱孩子，养出任性的孩子。

孩子小的时候非常喜欢买玩具。面对孩子想买玩具的需求，即使父母有条件满足孩子的需求，我也不建议父母即刻满足孩子的需求。父母可以跟孩子做一个约定，比如每个月孩子可以买四个玩具，不能多买，超过一定的数量之后就等下一个月再买。在执行的过程中，父母需要注意以下几点：第一，无论孩子怎么闹腾，父母都不能放弃原则，更不允许食言；第二，到了约定的时间，父母要马上满足孩子。几次之后，孩子就不会在等待阶段闹腾，亲子关系和谐，情绪稳定。

第二篇
陪孩子走过新生儿阶段

2

觉察寄语

　　父母欠孩子的，迟早要还的。不要以为刚出生的孩子什么都不懂，殊不知父母的一些自私行为会给孩子造成心理伤害。有的妈妈为了保持身材，不愿意给孩子哺乳。有的妈妈为了不被孩子束缚，将孩子丢给老人抚养。我认为，父母既然选择拥有一个孩子，就应该为了孩子适当做出一些牺牲。

第一节
亲源性心理障碍与师源性心理障碍

❋

0~18岁，正是孩子从家庭步入学校、尚未走向社会的阶段。家庭环境和学校环境是影响孩子成长的主要因素。

生命成长的奥秘是一个非常有意思的话题。为什么我要谈这个话题呢？因为我想让更多的人活在当下，更加专注地体验生命的美好，探寻生命成长的奥秘。

如果一个人的成长过程比较顺利，那么他被负面事件诱发出心理疾病的概率就小。如果一个人在成长的过程中不是很顺利，遭遇过一些创伤性事件，那么他被负面事件诱发出心理疾病的概率就大一些。

0~18岁，正是孩子从家庭步入学校、尚未走向社会的阶段。家庭环境和学校环境是影响孩子成长的主要因素。亲源性心理障碍是由家长的不良教养方式导致孩子产生的心理问题或心理疾病。师源性心理障碍是由教师的不当教育行为导致学生产生的心理问题或心理疾病。这两种心理障碍的不同点在于诱发源不一样，一个是由家长引发的，另一个是由学校教师引发的。

不知大家是否还记得2012年10月发生的那起"虐童事件"——某幼儿园教师将自己虐待学生的照片发到互联网上，引起了轩然大波，这就是一个有关师源性心理障碍的典型案例。教师的过激行为肯定会给孩子造成心理伤害。在教育犯错的幼儿时，有些幼儿园老师会将幼儿关到小卫生间里或小黑屋里，幼儿就相当于被"关禁闭"。那些曾被"关禁闭"的孩子，比较容易得幽闭恐惧症。年幼的孩子如果独自一人待在比较狭小的空间里，就会感到特别没有安全感，容易产生恐慌的情绪。这种"关禁闭"的惩罚方式很容易给孩子造成心理伤害。

我个人认为，亲源性的问题就像一株植物烂掉了根，根不行了，上面的枝叶也好不到哪里去，这是原发性的。师源性的问题往往是压死骆驼的最后一根稻草，这是继发性的。只有在极少数情况下，老师才会给孩子带来严重的心理伤害。

举例来说，如果一个被老师责备或者批评的学生跳楼了，社会舆论的矛头会指向谁呢？肯定会指向老师。有的老师就会因此感到委屈："我批评过那么多的孩子，怎么就他跳楼了呢？是不是这个孩子本身就有问题呢？"这个推断本身是没有问题的，有问题的是老师没有发现孩子本身存在的问题。若想少背负一些责任，父母或老师都要谨言慎行，尽量让孩子少受一些伤害。

第二节
不容忽视的安全感

小时候缺失的安全感会在人生的不同阶段以不同的形式表现出来，影响一个人的身心发展。

有的人可能会问："一个人小时候经历的事情能和他现在的身心状态扯上关系吗？"看完下面的这个故事，你就会发现，每个人的身上都有自己过去的影子。

有一个家长来找我。事实上，这个家长之所以能找到我，是因为我给她上过一节"父母课堂"，那是她孩子所在的幼儿园邀请我去给学生家长们上的课。不过她当时没有在课堂上咨询我，而是几个月之后通过幼儿园的老师联系到我。

她之所以费那么大劲找到我，是因为最近她家孩子让她实在受不了了。因为她的孩子跟我的孩子同龄，所以我对她的遭遇感同身受。她的孩子跟我的孩子一样，都是从小小班开始上幼儿园的。不同的是，她的孩子已经入园两年多了，仍然天天哭。她对我说："全园的老师、家长都知道我家孩子不愿意上幼儿园。"

孩子被送入园，适当哭一下是正常的入园反应。孩子哭一周，哭一个月，哭两三个月，也都算是正常的入园反应。如果孩子因为上幼儿园这件事哭两年多了，这还是正常的入园反应吗？孩子因为上幼儿园这件事哭两年多了，估计没有哪位家长能受得了。其实这个孩子哭的时间还不算是最长的，我还碰到过一个一直哭到上小学的孩子。

不巧的是，她找我咨询的那天我正好请客吃饭，便想推辞。可她执意要来找我，我只好无奈地说："你如果要来，就得等我吃完饭。"结果她还真的等到了晚上八九点钟。

见面之后，她告诉了我事情的经过。

孩子前天晚上问她："妈妈，我明天还去上幼儿园吗？"

她说："去啊！"

孩子说："可不可以不去啊？"

她说："不可以！你必须去。"

孩子马上说："妈妈，我给你跪下了，求你不要让我去上幼儿园了，行不行啊？"

我听完以后感觉很难受。从我的角度来看，孩子为了不上幼儿园，已经做到了这种地步，确实是存在问题的。那么，孩子不愿意上幼儿园的背后反映了什么问题呢？有人说这是家庭教育的问题，也有人说这是幼儿园老师的问题，而我认为这是分离焦虑的问题。

分离焦虑的背后又反映出什么问题呢？这是安全感和依恋关系的问题。孩子跟妈妈分离得那么困难，一定是跟孩子的安全感和依恋关系的薄弱有关系，跟妈妈处理亲子分离的方式有关系。至此，我们就找到了孩子入园适应不好的原因——缺乏安全感。

一位小学一年级孩子的家长打电话求助我，她说她家孩子的注意力特别差，不能在上课时专心听讲。开学才几周，她就已经被老师叫好几回了。

那么，影响孩子注意力的因素有哪些呢？有生理因素、环境因素、心理因素等。

生理因素：有些年龄较小的孩子大脑神经系统发育不成熟，不能很好地控制自己的行为。有些孩子缺乏某些微量元素，容易多动，不容易集中注意力。有些孩子患有多动症，更不容易集中注意力。还有些孩子夜间睡眠质量不高，白天大脑容易疲劳，不容易集中注意力。

环境因素：如果孩子的书桌上有很多的玩具，孩子就容易注意力不集中。

心理因素：长期在不和睦的家庭环境中成长，孩子容易缺乏安全感，难以集中注意力。

你如果有带孩子的经历，就应该能够体会到安全感对孩子注意力的影响。你或许会注意到这种现象：孩子在学会爬以后，就会尝试着离开父母一段距离，爬着去探索周围的世界。爬行一段距离之后，孩子会转过头来看看自己的父母，如果他获得了父母的关注和鼓励，他会继续开心地爬行探索。

如果孩子在爬行探索的过程中，发现父母不在他身边，他就容易失去安全感，无法再继续探索，随之就会哇哇大哭。安全的依恋关系是孩子主动探索外在世界的基础。如果你坐在凳子上，随时会遭受电击，你还会专心听课吗？答案必然是否定的。由此可见，安全感很重要，它会影响一个人的状态。

我读初二那年的暑假，我的家乡发生了一次地震，且余震不断。因为马上要升初三了，所以那个暑假我们依然坚持在学校里补课。我因为担心地震，越来越无法在上课时集中注意力。我周围的同学们也都感到恐慌，甚至到了草木皆兵的程度。有一次，楼上班级的一位同学在起立时不小心把凳子弄倒了，结果，一瞬间楼下教室里的老师和同学们就跑得没影了。后来，学校不得不停止补课。所以说，安全感是让孩子保持专注的一个很重要的前提。

因为我是一位父亲，也是一位心理咨询师，所以我可以在养育孩子的过程中去验证自己曾经学过的一些心理学理论。自从有了孩子之后，我就用心观察孩子的一言一行，验证曾经学过的一些心理学理论。

有一次，我孩子在客厅里专注地玩积木，而我在书房里上网查资料，家里因此非常安静，静得让人有些不安。当时我产生了这样的想法：孩子待会儿就会找我。果不其然，没过多长时间，客厅里就传来我孩子的声音："爸爸！爸爸！"这是孩子寻求安全感的一种表现。因为我孩子已经不是小婴儿了，所以他不需要爬过来亲眼验证我的存在。如果我能立即回应他发出的语音信息，他就能继续安心地玩，而不是过来找我。我及时地回应他："宝宝，不用担心，我在这里呢，你玩就行了。"客厅里的他又继续玩起来了。

安全感会让孩子更专注。在家庭氛围紧张、夫妻关系差的环境中，成绩好的孩子真不多。缺乏安全感的孩子，入园适应困难；缺乏安全感的孩子，容易注意力不集中。世间万物是普遍联系的，有因便有果，有果亦有因。很多现象不是无端出现的。孩子的现在一定会受到他自己过去经历的影响。你的现在一定和你的过去有关联。

我经常受邀去外地讲课。有一年暑假我受邀去山东某滨海城市讲课，听课的学员都是教师。讲完课后我就回到了青岛。有一天晚上，我因为睡不着觉，就起来上网。我的 QQ 刚上线，嘀嘀声就响了，这是因为某个学员给我发了一条消息。我就跟这个学员聊了起来。

这个学员问我:"刘老师,你怎么这么晚还没睡啊?"

我说:"我已经睡一觉了,醒来后怎么都睡不着了,就索性起来了。你怎么还没睡呢?"

她说:"我失恋了!"

…………

我们俩就这样聊了起来。或许是因为这个学员学过心理咨询的课程,所以她在和我沟通时比较坦诚、直接。她对我说,她之前谈过一个对象,是别人介绍的,彼此都觉得聊得来,就确定了恋爱关系。在确定恋爱关系之后,她却总觉得不踏实。

我问:"为什么呢?在确定了恋爱关系之后,你们俩的关系不是应该更牢固了吗?"

她接着说:"在刚开始谈的时候,我和他都感觉挺好的,甜甜蜜蜜,恩恩爱爱,属于那种非常黏糊的恋爱状态。虽然我知道他很忙,但是我依然会因为他和我互动少而感觉特别不踏实。我经常追着他问'你在干吗呢?整天就知道忙,你是不是有别的想法啊?'。可能是我追问得太多了,他就开始说'是不是我们俩不合适呢?'。多次争吵之后,我和他就分手了。我觉得这段感情是我自己毁掉的。他是一个不错的人,可我就是不能接受他忙得顾不上我,这让我特别没有安全感。"

然后,她对我说了这样几句话:"刘老师,其实我想了想,我在大学期间谈的那场恋爱跟这场恋爱有点像。都是我追着、黏着男方,男方都是非常独立的人,都渴望有自己的空间,到最后都被我烦得分手了。"她的这些话引起了我的注意,让我看到了一种相处模式。

我问:"那你想一想,早年你跟妈妈的关系是怎样的呢?"

她毕竟学过心理学方面的课程,非常有悟性。她对我说:"小时候我被送到乡下奶奶家生活。我妈妈在城里工作,每到周末,我妈妈就会来奶奶家看我。每逢周末,妈妈回来看我让我感到非常幸福。周末结束,妈妈回城里上班让我感到非常痛苦。每次,我非要送妈妈到村口,然后追着公交车跑,哭得稀里哗啦,直到奶奶使劲地哄我,我才能让自己的情绪平复下来。"

我们来看一看这两种关系的相处模式:一开始她和男友的关系很亲密,男友忙得顾不上她的时候,她就感觉非常不踏实,使劲黏着男友,生怕失去男友。她妈妈回到村里看她,她就无比开心;她妈妈要回城里工作,她就哭闹不已。这两种关系的相处模式是不是很相似呢?都是一种得到了怕失去的相处模式。早年的相处模式能够影响一个人未来的人际关系。妈妈的离开或者男友的忙碌都会让她内心不安。她内心不安的背后是什么呢?是缺乏安全感。

没有在人生早期建立的安全感会以不同的形式在不同的人生阶段表现出来,影响人们未来身心的健康发展。所以,有远见的父母要尽可能地呵护孩子的安全感。

第三节
早期的心理创伤与影响

> 早期的心理创伤并不会消失,它会被个体压抑在潜意识里。这些被压抑的心理创伤一旦被诱发,就会给人带来极大的困扰。

一、早期的心理创伤对个体发展的影响较大

请你想一想:在孩子的早期教育中,你有过遗憾吗?你该怎样弥补这些遗憾呢?

另外,你也可以想一想:为什么你会成为现在的你呢?你的性格在多大程度上是由你的过去影响的呢?你的过去是如何影响你的现在的呢?

早期的心理创伤对个体发展的影响较大。成人处理问题的方式跟孩子处理问题的方式是不一样的。成人在有不良情绪时会怎么做呢?如果他是一个心理正常的成年人,他会想办法疏导自己的不良情绪。有些人喜欢将自己的烦恼告诉他人,找他人倾诉自己的苦闷。有些人会找心理咨询师倾诉。

当孩子有不良情绪时,他要找谁倾诉呢?当孩子有不良情绪,还不会表达自己的时候,他最容易出现什么行为呢?孩子会通过自己的肢体行为流露出自己的情绪。有些孩子会通过吃手指来释放自己的不良情绪。几个月大的孩子吃手指是一种正常的现象。如果七八岁的孩子老是吃手指,家长就得注意了,这是孩子压力大、焦虑的一种表现。

有的人认为，孩子之所以吃手指，是因为缺乏某些微量元素。孩子之所以吃手指，真的是因为缺乏微量元素吗？从现在的孩子摄入的营养来看，孩子缺乏微量元素的情况并不多见。孩子之所以吃手指，大多不是因为生理原因，而是因为心理原因。孩子如果没有找到处理不良情绪的方式，就特别容易将不良情绪压抑在内心深处。

二、孩子最容易在家里受伤

对于那些痛苦的经历，人们倾向于选择性遗忘，然而，越痛苦的经历，越让人难以忘记。请你想一想：你是对开心的事情记得更深，还是对伤心的事情记得更深呢？答案是伤心的事情。伤心的事情让人们难受、痛苦，人们会下意识地选择遗忘那些伤心的事情，压抑由此产生的负面情绪。被压抑的负面情绪并没有消失，再次遇到相似的情境时，它会从记忆深处浮现出来。

有一天晚上，在我上完课后，有一个妈妈来找我说她妹妹的事。她妹妹现在已经成年，大学毕业都好几年了，却一直无法工作，影响到了正常生活。她说，她家姐妹三个，她是老二，她和她姐姐在很小的时候就被送出去了，由别人抚养长大。以我的咨询经验来看，送出去养的孩子容易有心理阴影，在她们家却恰恰相反。一直待在父母身边长大的妹妹，反而受到了心理伤害。原因是她妈妈的脾气特别差，喜怒无常，经常否定妹妹，对妹妹的要求很高。

她妹妹在上高中的时候，有时候觉得非常困，想睡觉，可是一想到她妈妈的要求，就觉得睡觉是一件浪费时间的事，不敢睡。结果她妹妹在课堂上练就了一样本领——人坐在那儿，睁着眼睛，看似醒着，实际上却睡着了。这种现象一直持续到现在，她妹妹随时随地都可以睡着。

我觉得这个妹妹特别像一只鸵鸟。鸵鸟在遇到无法应对的敌人时，就把头埋进沙堆里面，屁股撅得高高的。在这个案例中，妹妹不敢违抗妈妈，结果练就了睁眼睡觉的本领，以此应对来自妈妈的压力，因为如果她不选择这种方式，如果她处在清醒的状态，她就要承担很多的责任。

家庭是一个系统，家庭成员是这个系统的重要组成部分。在家庭系统里，孩子是最敏感、最脆弱的那一个。家庭系统如果出现了问题，就容易在孩子的身上表现出来。我举一个例子：夫妻俩吵着吵着，孩子就生病了。一看到孩子生病了，夫妻俩就不吵了。你说孩子厉不厉害呢？敏感的孩子会认为，只要自己继续生病，父母就不会再吵起来。

三、良好的亲子关系

人们说："好的亲子关系胜过许多教育。"这句话的意思是，当你和孩子的感情越深，关系越好时，你对孩子的教育就越有效；反之，如果亲子关系不好，你就算累死，也不一定能把孩子教好。

我说了这么多，无非是想告诉大家：孩子的现在和过去有关系，孩子的现在也与未来有关系。幼年时期遭遇的心理创伤会比成年后遭遇的心理创伤更容易影响一个人的身心发展。作为父母的你，不要忽视孩子的幼年成长经历，不要忽视和孩子的互动。

0~6岁是孩子人格形成的关键阶段。你如果想让自己的孩子幸福，就应该在孩子生命的最初几年多花一点时间，让孩子打下良好的人格基础，让孩子有良好的人格品质去面对生活中的成功与失败、快乐与痛苦。

四、心理创伤的诱发需要一定的条件

早年的心理创伤并不会消失,它被个体压抑在自己的潜意识里。心理创伤的诱发需要一定的条件。从年龄阶段来看,小学阶段是一个潜伏期,该阶段孩子的特征是喜欢疯玩,心理能量指向外界,很少关注自身的心理状态。正因为如此,家长一般很难觉察此阶段孩子的异常心理状态。在小学阶段,孩子所表现出的一些问题会被掩盖。即使孩子有一些不正常的心理表现,有的家长也会认为,年龄小的孩子有这些表现不要紧,长大之后就没有了。

青春期是一个相对危险的时期。青春期孩子的心理能量开始指向自己,有着强烈的自我意识:"我是怎样的一个人呢?我是一个受他人欢迎的人吗?同学们喜欢我吗?"诸如此类的问题是青春期孩子经常思考的。青春期孩子的家长一定要谨言慎行。

问题的出现,除了受年龄因素的影响以外,还受其他因素的影响。被压抑的心理创伤需要具备一定的条件才能被诱发出来。究竟是怎样的一种条件呢?那就是人们再次遇到与早年创伤事件相似的情境。请你想一想:你最容易在什么时候被触动呢?

我举一个例子:《非诚勿扰》是前几年非常受欢迎的相亲类节目,该节目里面有个叫乐嘉的节目嘉宾。乐嘉一直给人一种语言犀利、性格硬朗的印象,而这个硬朗的男人不止一次地被感动得热泪盈眶。乐嘉会在什么时候哭呢?会在男嘉宾的经历跟他有点类似的时候。

二十多年前我看过一部电影,电影的名字是《我的父亲母亲》,导演是张艺谋。该电影生动地描述了一段充满乡土韵味的爱情故事。看完该电影的第二天(印象中应该是周五),我给心理咨询室的一位同事讲述了该电影的情节。紧接着周末两天,因为下雨,我没有去办公室。到了周一,我一到办公室，那位听我讲述电影情节的同事就对我说："刘老师，你知道吗？周末你没有来办公室，我一个人在办公室里哭了一整天。"我赶紧问："怎么了？"那位同事说："还不是因为你讲的那部电影让我想起了我的初恋。"我的那位同事之所以哭泣，是因为潜藏在她内心深处的一些情结被电影诱发出来了。

正因为早期的心理创伤需要条件才能被诱发出来，所以并不是每一个有心理创伤的人都会受到影响。有些人会在成长的过程中反思、觉察和总结，以便更好地了解自己的情感和需求，认真地对待自己，逐渐修复自己的心理创伤，避免受到负面影响。

第四节
是选择剖宫产，还是选择顺产

孕妈妈在身体条件允许的情况下，应尽量选择顺产的方式。无论是对孕妈妈来说，还是对孩子来说，顺产比剖宫产的好处多。

胎儿在生命形成的最初阶段，就已经开始与孕妈妈进行亲密互动了。孕妈妈的行为、情绪等都会对胎儿产生影响。如果孕妈妈处于一种疾病的状态，胎儿的生存环境就不大可能处于一种良好的状态。孕妈妈不良的生活习惯，比如抽烟喝酒，也会对胎儿产生负面影响。高龄孕妇在孕期和生产过程中比适龄孕妇的风险高很多。

顺产和剖宫产都是生产的手段。有些孕妈妈惧怕顺产的痛苦，选择剖宫产。有些孕妈妈因为害怕顺产会影响自己的身材，所以选择剖宫产。现在，医学界的普遍认知是建议孕妈妈顺产，除非孕妈妈不符合顺产的条件。剖宫产会对孩子产生一些不良的影响。

一、剖宫产的孩子比顺产的孩子触觉敏感

请剖宫产的妈妈好好想一想：孩子的触觉是不是特别敏感呢？只要孩子觉得穿这件衣服有点儿不舒服，他就不会穿。剖宫产的孩子适合穿棉质的、柔软的衣服。

为什么剖宫产的孩子会这样呢？顺产的胎儿会受到子宫的收缩和产道

的挤压。这种收缩或挤压会让胎儿的身体受到一种很强烈的刺激，从而增强胎儿触觉的耐受度。剖宫产的孩子缺乏产道挤压的过程，出生后对其他物体或别人的触碰特别敏感。好多家长没有重视对剖宫产孩子的触觉训练。

二、剖宫产的孩子比顺产的孩子更容易患呼吸道疾病

为什么剖宫产的孩子更容易患呼吸道疾病呢？主要原因是顺产的胎儿在被产道挤压的过程中，促进了肺部的成熟和功能的完善，锻炼了呼吸系统的功能，提高了免疫力。剖宫产的孩子没有经过产道的挤压与刺激，肺内的羊水无法被完全排出来，免疫系统和肺部的发育情况都会受到影响，容易患呼吸道疾病。

三、剖宫产的孩子容易感觉统合失调

剖宫产的孩子在缺少爬行锻炼的情况下，容易感觉统合失调（以下简称"感统失调"）。顺产的孩子在生产的过程中受到了产道的挤压，不断地调整自己的体位，为感觉统合能力的发展奠定了基础。

那么，什么是感觉统合呢？它是指大脑和身体相互协调的学习过程，机体在环境中有效利用自己的感官，以不同的感觉通路（视觉、听觉、味觉、嗅觉、触觉等）获得信息，并输入大脑，大脑再对这些信息进行加工处理，并做出适应性反应的能力。简单来说，感觉统合就是将外界信息输入大脑，大脑再调控人们的肢体等去应对外在世界的刺激。

什么是感觉统合失调呢？它是指外部的感觉刺激信号无法在大脑神经系统里进行有效的组合，从而使机体不能和谐运作，久而久之，形成各种

障碍，最终影响身心健康。儿童感觉统合失调意味着儿童的大脑对身体各器官失去了控制和组合的能力，这将会在不同程度上削弱儿童的认知能力与适应能力，从而推迟儿童的社会化进程。简单来说，感统失调就是大脑想支配肢体去应对外部刺激，却总是做不到位，颇有一点儿心有余而力不足的感觉。

  有的父母对感统失调一无所知，有的父母对感统失调持无所谓的态度。我觉得感统失调并不可怕，可怕的是父母对感统失调的不重视。感统失调会给孩子带来哪些负面的影响呢？感统失调的孩子，无论是大动作还是精细动作，其动作协调能力都较差。有些感统失调的孩子容易出现注意力不集中的情况。一说到注意力不集中，一些家长就着急了。注意力不集中是影响孩子学习成绩的一个重要因素。

  孩子的感统失调问题不会随着年龄的增长而自然改善，它需要早发现、早治疗。训练康复的最佳时间是小学低年级以前。如果父母对感统失调的孩子进行早期干预，孩子的预后效果不错；反之，干预得越晚，孩子的预后效果就越不好。

  不具备相关知识的父母发现孩子有感统失调问题的时间偏晚，容易错过干预孩子的最佳时间。有些感统失调的孩子在上小学后容易混淆汉字的左右结构、上下结构。

  关于感统失调，我了解得比较晚。我的孩子也是剖宫产的，几乎没有经过爬的阶段就直接走路了。后来我发现孩子的动作协调能力比较差。万幸的是，在孩子三岁多的时候，我接触到了有关感统失调方面的知识。于是，在孩子四五岁的时候，我带他做了一年的感统训练，孩子的动作协调性提高了不少。

  在孩子五岁的时候，我送孩子去学习武术。孩子的一个同班学员的动作协调性非常差，教练的耐心都快被那个学员磨光了。有一次，我见到那个学员的母亲，就问她："你家孩子是剖宫产的吗？"

"是的。"

"他是不是没怎么爬就会走路了？"

"你是怎么知道的？"那位妈妈满脸惊讶地看着我。

我说："你最好让孩子去做感统训练，或许练武术不能解决孩子的问题。"

感统失调孩子的痛苦远不止于此。有的家长或老师不了解有关感统失调方面的知识，就认为孩子没有专心听讲，没有用心写字，因此责骂孩子。事实是孩子想做到，但做不到，心有余而力不足，他不是故意和老师或家长作对。

说了这么多，我就是希望广大孕妈妈在条件允许的情况下选择顺产的方式。

第五节
分离的情绪体验

❋

每个人都有被需要的心理,并且享受被需要的感受。人们如果不被需要,就难免内心失落。

人生第一次分离,发生在什么时候呢?就是分娩之时。分离是人们一辈子都绕不开的事情。这世间绝大多数的关系是指向亲密,越走越近,唯独父母与孩子的关系是指向分离,越走越远。

在孩子小的时候,孩子离不开父母,会因为父母的离开而哭得声嘶力竭。在孩子大的时候,父母离不开孩子,整天想孩子。当孩子不再需要父母的时候,父母多少会感到失落。有一个妈妈这样说:"孩子断奶了,这意味着孩子离开我也一样能活得好好的。一想到这里,我就感到有些失落。"为人父母者需要学会放开孩子的手,允许分离发生,这就是对孩子的爱。

每个人对分离的感受是不一样的。孩子刚开始去上幼儿园时,总是磨蹭,不愿意去上幼儿园,我还为此批评过孩子。等到有一天,孩子不再磨蹭了,而是一路小跑着来到幼儿园门口,头也不回地撂下一句:"爸爸再见!"在一刹那间,我看着孩子小小的背影,真的感觉有些失落。

父母要学会接纳亲子之间的分离,学会放手,将关注点放在自己的身上,经营好自己的生活,为孩子做好榜样。

第六节
安全又舒适的子宫环境

> 子宫环境是世界上最安全、最舒适的环境。对孩子来说,分娩使他从子宫来到了外部世界。子宫和外部世界是两个截然不同的世界。

我们先来谈一谈人生的第一次分离——分娩。对孩子来说,分娩使他从子宫来到外部世界。子宫和外部世界是两个截然不同的世界,环境之间的差异大。环境差异大必然带来一个适应性的问题。这两个环境的差异越大,孩子适应得越困难,这意味着父母要思考:怎样才能缩小外部环境与子宫环境之间的差异呢?答案是显而易见的,那就是父母要给孩子提供足够好的照料。

我们先来看看这两种环境之间的差异吧。子宫环境是世界上最安全、最舒适的环境。或许你不赞成我的这个观点。你即使不赞成我的观点,也要听一听我接下来要说的事情。

前一阵子,我给一所小学设计了校本心理学的课程。其中有一堂课是感恩教育。老师要求学生们先写下自己的名字,然后再写下自己最珍重的五个人。写好之后,老师就找了一个学生提问:"请你说一说,你都写了哪五个人呢?"那个学生站起来说:"妈妈、奶奶、爸爸、姥姥、爷爷。"

后续的游戏就有些残酷了。游戏的指导语是"生命是不可逆的,人生总是有很多的意外,比如谁都无法抗拒的自然灾害。假如今天你发生了意外,你必须舍弃自己最珍重的一个人,你会选择哪一个呢?请大家慎重选择，选好了之后，就请你在纸上划去那个人。划去的同时，请你认真体会一下，这意味着那个人再也不会在你的生命中出现了"。

有些孩子从游戏一开始就哭，一直哭到最后。当纸上的人名被一个一个划去时，最后剩下的是妈妈或爸爸，以及自己。在爸爸或妈妈，以及自己之间选一个划掉，这是最让孩子们难过和纠结的一个环节。孩子们即使难过、纠结，也得继续将游戏进行下去。有的孩子选择划掉爸爸或妈妈，留下自己；有的孩子选择划掉自己，留下爸爸或妈妈。这个游戏本身没有对错之分，更多的是让孩子们体验游戏的过程，学会感恩。老师问一个学生："你为什么选择划掉妈妈，而留下自己呢？"孩子边哭边说："我知道我对我妈妈来说有多么重要。如果我没有了，我妈妈肯定不会再幸福了。我相信我妈妈会理解我的做法。"

我们还可以从妊娠反应的角度来理解子宫环境是安全的。妊娠反应特别厉害的孕妇能一直吐到生产的那一天。如果孕妇一直吐到生产的那一天，她肯定是胖不起来的，甚至她的体重会下降很多。体重下降的孕妇会影响肚子里的孩子吗？大多不会，肚子里的孩子会健康发育。

子宫环境是最舒适的。子宫会断电、停暖吗？不会！子宫永远是恒温的，这抵得上世界上最好的恒温恒湿空调系统。孩子在子宫里，吃喝拉撒睡"一站式"解决。这世界上还有哪个环境能比子宫环境更舒适呢？

第七节
不同的照看者会给孩子带来不同的影响

妈妈是帮助新生儿适应新世界的最合适人选，没有哪个人能比妈妈更适合。照看者决定着新生儿对这个新环境的认知度和适应性。

一、妈妈是帮助新生儿适应新世界的最合适人选

我之所以强调子宫环境的安全和舒适，是因为我想要强调，当孩子从子宫来到这个现实世界，环境之间的差异是非常大的。环境之间的差异越大，新生儿就会适应得越困难。人类的新生儿不像别的动物，一生下来就具备一定的生存能力。人类的新生儿，不会走，不会跳，甚至连翻身都不会，视力还没有完全发育好，有的新生儿都不能睁开眼睛。新生儿突然来到一个陌生的世界里，他是多么无助啊！谁能帮助新生儿去适应这个全新的世界呢？最合适的人选是妈妈。

妈妈是帮助新生儿适应新世界的最合适人选，没有哪个人能比妈妈更适合。照看者决定着新生儿对新环境的认知度和适应性。在新生儿阶段，最好的照看方式是什么样的呢？应该是妈妈本着"原初的母爱"，具备良好的敏感度和反应性，对孩子的需求尽可能地给予及时、准确的回应。在这句话里，"原初的母爱""敏感度""反应性"都是关键词。

敏感度良好的妈妈能够敏锐地觉察到孩子的各种需求。你想一想：是不是绝大部分妈妈具有这种敏感性呢？反应性良好的妈妈能及时准确地回

应孩子的需求。在孩子刚出生时，新手妈妈一般会手忙脚乱的。一段时间之后，绝大部分妈妈凭着本能就能做到不慌乱，照看孩子的水平越来越高，一听孩子哭了，就知道孩子是饿了，还是尿了、拉了，并能帮助孩子保持舒适的状态。这种不需要学习的、天生就具备照看孩子的能力，就是"原初的母爱"。

在新生儿阶段，妈妈凭着本能就能做到"足够好的母亲"。我们国家自古以来就有坐月子的习俗。在坐月子的那段时间（一般是一个月）里，产妇和婴儿待在一个相对密闭的空间里，光线不强，基本上不会走出这个空间，在这个空间里解决吃喝拉撒睡的问题。大家想一想：这是不是人为创造了一个类似子宫的环境呢？孩子待在一个相对密闭的空间里，相当于在子宫和外部世界之间人为地创造了一个过渡空间，以便孩子更好地适应外部环境。这种过渡体现了人类的智慧。我国的大部分地区依然保留着给新生儿摆满月酒的习俗，这是为了欢迎新生儿来到这个世界而举办的隆重仪式。

二、妈妈应该给予婴儿即刻满足

妈妈给予婴儿无微不至的照顾，看似很容易做到，却并非没有意外。有的新手妈妈过于信奉育儿书，刻板地遵循每隔两个小时喂一次的"真理"，即使孩子明显是因为饿哭了，也依然不管不顾，非得等到固定的时间点给孩子喂奶，这样的喂养方式容易让孩子受到伤害。这样的喂养方式究竟会给孩子带来什么样的伤害呢？

当孩子因为饥饿而哭泣时，如果妈妈能给予孩子即刻满足，孩子就会有满足感、舒适感；如果妈妈不能给予孩子即刻满足，甚至对孩子的哭闹置之不理，孩子就会感到不舒服，体会不到满足感。有的孩子还可能会产生这样的疑问："为什么我会处在这种状态呢？在这个世界上怎么没人理我呢？他们怎么能这样对我呢？"

在原来的子宫环境中，孩子的需要能得到即刻满足，"一站式"解决吃喝拉撒睡的需要。在新环境中，有的新生儿有了需求，却得不到及时的满足，他自然会受到伤害，无法信任这个世界。正如埃里克森的心理发展阶段理论说的那样，这个时期发展的是孩子对世界的基本信任感或者不信任感。如果妈妈给予新生儿无微不至的照顾，新生儿就会对世界建立一种基本的信任感。如果妈妈不能及时回应新生儿的需求，新生儿就无法信任这个世界。

三、让孩子在内心里孕育希望

新生儿如果建立了对这个世界的基本信任，就容易在信任感的基础上衍生出一种品质——希望。对未来怀有希望的人会积极地活着，而对未来没有希望的人会活得非常消极，一旦遇到挫折或者压力，就无法承受，看不到生活的希望。

我举一个例子来说明"希望"的重要性。人类在自然灾害面前是那样渺小又无助。在地震过后，我们看到过一些生命的奇迹——有的人能在地震废墟下顽强地存活72小时以上，并最终被救出。这些幸存者大多会被记者这样问："请问你为什么能存活下来呢？是什么支撑着你活下来的呢？"很有意思的是，不同地域、文化、民族的幸存者们，几乎会说相似的话："我相信一定会有人来救我的。"因为这些幸存者选择相信他人，所以他们就有了希望。这就是由基本的信任而衍生出了希望。

在人生最初的那个阶段，妈妈无微不至的照顾会让孩子建立对这个世界的基本信任感，会让孩子在内心里孕育希望，会让孩子感受到这个世界的美好。

四、让孩子形成自我全能感

（一）自我全能感的重要性

在这个阶段，如果妈妈有足够好的反应性，能敏锐察觉孩子的需求，给孩子无微不至的照顾，孩子就容易建立一种自我全能感。新生儿尚处在与妈妈共生的阶段，认知能力有限，不能区分自己和自己身体的某个部位。正常婴儿都会抱着自己的小脚丫啃，他通过这种啃脚丫的行为发觉自己有痛的感觉，从而认识到小脚丫是自己身体的一部分。有的婴儿会将自己的脸抓破，这个动作会让婴儿逐渐认识到脸是自己身体的一部分。

正因为婴儿不能很好地区分自己和自己身体的某个部位，也不能很好地区分自己和妈妈，所以，妈妈要及时地回应婴儿的需求。得到妈妈及时回应的婴儿，以为自己可以操控这个世界，从而形成自我全能感。自我全能感是自我价值的一种体现。拥有自我全能感的孩子容易获得积极的自我价值感。这种积极的自我价值感奠定了我们人生最初的基础。孩子如果能延续这种自我价值感，形成稳定的人格，就会受益一生。

自我价值感的重要性是毋庸置疑的。很多老师经常给孩子们强调要自尊、自爱、自强。其实，"自尊、自爱、自强"与自我价值感的含义相似。一个没有积极的自我价值感的人，一定缺乏积极向上的人生态度；一个没有积极的自我价值感的人，总是觉得差不多就行了，不敢追求自己想要的东西。

（二）父母会影响孩子对自我的认知

我曾经给孩子们上过一堂关于自我认知的心理课。在课堂上，我要求孩子们不假思索地写下20句描述自己的句子，比如"我……"。我想通过这样的课程让孩子们了解自己、认识自己，进而帮助孩子们建立积极的自我价值感。其中一个孩子写了这样一句话："我很贱！"看到这句话后，老师们吓了一跳。这个孩子已经上小学五年级了，不可能不知道"很贱"的含义，他怎么会这样评价自己呢？课后，我悄悄地把这个孩子叫到一边，询问他为什么要这样写。这个孩子脖子一梗，回答："老师，难道我不是这样的吗？我妈妈天天这样说我啊！"由此可见，妈妈对孩子的评价会影响孩子对自我的认知。

父母如果用羞辱、打骂的方式教育孩子，就会影响孩子对自我的正确认知。你有没有看过金庸的《侠客行》呢？《侠客行》里面有个主人公叫石破天。石破天初出江湖的时候，别人问他叫什么名字，石破天说自己叫"狗杂种"。为什么石破天会这样称呼自己呢？

石破天刚出生就被梅芳姑掳走。梅芳姑心仪石破天的父亲，却因爱生恨，将石破天掳走，养在身边。梅芳姑在养育石破天的过程中，将自己所有的恨意都倾泻在石破天的身上，天天叫石破天"狗杂种"。因为石破天一直和梅芳姑生活在一起，与世隔绝，不受世俗的干扰，所以石破天初出江湖，只要别人问他姓名，他就说自己叫"狗杂种"，遭到很多人耻笑。

（三）没有积极的自我价值感的人容易作践自己

一个没有积极的自我价值感的人容易作践自己。一个没有积极的自我价值感的人是不会积极主动追求自己想要的东西的，因为他认为自己不值得拥有那些东西。说到自我价值感，我想到了抑郁症患者的三个特点：无意义感、无价值感、无助感。为什么抑郁症患者容易选择自杀呢？因为抑郁症患者觉得自己活得没有意义，没有价值感。

有一年，某高校的一个女研究生跳楼自杀了。原因是，她接到男朋友的一个电话，男朋友要和她分手。一个女孩，因为男朋友要和她分手就跳楼了，可见她的内心是多么地脆弱。由于男朋友不爱她了，因此她就觉得自己活得没有意思了，于是毅然决然地选择了自杀。我认为她自杀的根本原因是缺乏积极的自我价值感。如果她是一个具有积极的自我价值感的女孩，一定会想："他真是瞎了眼，连我这么好的女孩都不要，这世上还有那么多的好男人等着我呢！"

五、做一个足够好的妈妈

在孩子人生的最初阶段，孩子的主要照顾者会影响孩子的人格发展。在这个阶段，妈妈应该本着原初的母爱，具备对孩子需求的敏感性，给予孩子及时、准确的回应。绝大部分妈妈能够成为一个足够好的妈妈。绝对完美的妈妈是不存在的，再好的妈妈也有不能准确回应孩子的时候。

（一）错误的养育方式会让孩子受到伤害

妈妈产后抑郁容易给孩子造成伤害。如果妈妈产后抑郁，又没有别人帮忙照看孩子，孩子就容易出现问题。我曾经遇到过这样一个案例，产妇在坐月子时发现自己的老公有第三者，情绪一落千丈，根本无心照看孩子。

在孩子生命的最初阶段，错误的养育理念也可能会给孩子造成伤害。我曾经接到这样一个咨询案例，咨询者是一个7岁男孩的妈妈。根据这个妈妈的描述，她家孩子有以下症状表现：第一，喜欢偷穿妈妈的丝袜、靴子。第二，喜欢在地上爬，还经常玩弄自己的生殖器。第三，注意力特别差。听完这些，我的第一反应是这个孩子有点儿易装癖。接着，这个妈妈又仔细描述了一下她早年养育孩子的过程。

孩子快出生时，这个妈妈开始创业。在创业之初，公司就在自己家隔壁。用这个妈妈自己的话来说，她忙得几乎没有时间坐月子。我曾问她："每天你最多有多少时间陪伴孩子呢？"她回答："最多一个小时。"为了方便自己处理业务，她在床头柜上装了一部电话。孩子总是被电话铃声吓哭，她不是第一时间安慰孩子，而是直接接电话，处理业务。此外，在坐月子时，她和老人一起带孩子，几乎不抱孩子。我问她为什么不抱孩子，她答："我怕抱多了的孩子放不下。"这个世界上还真有一些妈妈因为这个原因不抱自己的孩子,这真的太可怕了。担心"抱多了的孩子放不下"的父母只是从自己的需要出发,希望孩子好带,不要累着自己。

孩子需不需要抱?需要,并且需要很多次。父母不仅要满足孩子吃喝拉撒睡方面的生理需要,还要给予孩子爱的抚慰,多给孩子拥抱,建立健康、安全的亲子依恋关系。从这个孩子的行为表现来看,他有明显的退行行为。7岁的孩子没有7岁孩子应有的行为表现,不仅退行到婴儿阶段(喜欢爬),还一直寻找与母亲相关的依恋物(偷穿母亲的丝袜、靴子),以此来弥补母亲拥抱、抚慰等行为的不足。因为孩子没有和母亲建立安全的依恋关系,所以孩子的注意力差。

(二)正确的抚养方式会提高养育质量

国外的一家研究机构曾经做过一项调查,他们将儿童福利院的孩子与普通家庭的孩子做对比,发现儿童福利院的孩子无论是在情商上还是在智商上都比普通家庭的孩子低。在绝大部分时间里,儿童福利院的孩子躺在小床上,几乎得不到照看者的拥抱和抚慰。这样的抚养方式是儿童福利院的孩子智商与情商较低的主要原因。这一研究发现改变了国外儿童福利院的抚养方式。更改以后的抚养方式为:一两个抚养者带七八个孩子,构建一个虚拟的家庭。这些孩子以兄弟姐妹相称,然后将两个照看者称为"爸爸、妈妈"。

抚养方式的改变带来了养育质量的提高。在虚拟的家庭中,家庭成员之间的互动给孩子们带来了情感的植入和渗透。因为有了大量情感的流动,孩子的智力,尤其是情绪情感,得到了很好的发展。儿童福利院的孩子如果被家庭领养,后续的发展会比较好。只要条件符合,儿童福利院还是倾向于孩子被家庭领养。

在孩子最初的人生阶段,妈妈应该给予孩子无微不至的照顾,做一个足够好的妈妈,让孩子被温暖和爱包围,让孩子建立积极的自我价值感。

第八节
处理好分离焦虑，建立安全的亲子关系

分离焦虑会影响孩子的情绪，甚至影响人格。在亲子分离的过程中，孩子容易出现分离焦虑。如果妈妈能够识别并处理好孩子的这种分离焦虑，孩子就能较好地面对分离。

一、为什么孩子会产生分离焦虑呢

分娩是孩子与妈妈分离的开始。随着时间的推移，产假到期后，职场妈妈就不得不重返工作岗位。幼小的孩子会再次面临与妈妈的分离。这个分离的时间一般是在孩子五六个月大的时候。分离焦虑会影响孩子的情绪，甚至影响人格。在亲子分离的过程中，孩子容易出现分离焦虑。如果妈妈能够识别并处理好孩子的这种分离焦虑，孩子就能较好地面对分离；反之，如果妈妈不能用正确的方式处理孩子的分离焦虑，甚至不理解孩子的焦虑、哭闹，而是采取生硬的处理方式，孩子的情绪、人格发展就会受到影响。

白天妈妈上班，孩子在家；傍晚妈妈回家，母子团聚。为什么这样短暂的分离会让孩子如此难过呢？为什么孩子会产生分离焦虑呢？我试着从孩子的角度去看亲子分离这件事。

婴儿在生命的最初阶段，谁抱他都可以，可是一旦他能将妈妈和周围的人区分开，他就容易与妈妈建立依恋关系，这个时候就会出现我们常说的"认生阶段"。孩子只认妈妈，只让妈妈一个人抱，如果其他人抱他，

他就不乐意，甚至哭起来。孩子在与妈妈互动的过程中，逐渐与妈妈建立了深厚的感情。

有的妈妈认为："我就是白天出门上班，晚上下班就回家了，只是暂时离开孩子一下，孩子怎么会有分离焦虑呢？"在这里，我必须给大家解释一个心理学概念——客体恒常性，指的是当一个事物不在眼前的时候，并不代表它就不存在了，它或许会在一个我们看不到的地方存在着。只要是一个正常的成年人，就具备这种认知能力。

客体恒常性不是生而有之的，它是随着孩子的认知发展逐渐获得的。当孩子没有获得客体恒常性的时候，一个物体或者一个人不在孩子的视野范围内，孩子就会认为它（他）不存在了。作为家长的你在养育孩子的过程中应该能观察到这种现象——当你拿着一个手机逗孩子玩的时候，你偷偷地把手机放在身后，对孩子说："哎哟，哎哟，手机不见了。"没有获得客体恒常性的孩子不会到你的身后去找，他会认为，这个东西不见了，就代表这个东西不存在了。对于一个没有获得客体恒常性的孩子来说，妈妈去上班了，就意味着妈妈不见了，这是多么令人恐惧的一件事啊！从这一角度去理解孩子在妈妈离开时的情绪反应，你就会明白孩子为什么会因为妈妈的离开而哭得声嘶力竭了。

二、该如何缓解孩子的分离焦虑呢

理解了孩子产生分离焦虑的原因以后，妈妈就要有意识地帮助孩子处理分离焦虑。如果亲子分离是必然的，妈妈该怎样做才能最大程度地缓解孩子的分离焦虑呢？其实，操作起来很简单。妈妈每次出门上班之前，或者暂时离开孩子去做其他的事情之前，要先和孩子打招呼。看似简单得不能再简单的一件事却不是每个妈妈都能做到的。

有的妈妈不愿意看到孩子哭，总是选择偷偷地离开孩子，却不知道这样做会在无形之中对孩子造成伤害。妈妈不给孩子打招呼，偷偷离开的行为会让孩子产生一种不确定感。焦虑源自不确定，这种不确定感容易导致孩子缺乏安全感。你可能会怀疑：妈妈偷偷离开孩子会产生这么严重的后果吗？对一个尚未获得客体恒常性的孩子而言，妈妈偷偷离开孩子这件事的确会影响孩子。

我的一个同事，在暑假时把孩子带回老家，并把孩子留在老家，由他父母抚养一段时间，他则先返回青岛上班。临走时，他右肩膀挂着一个包，左手拎着一袋垃圾，对孩子说："宝宝，爸爸去倒垃圾了。"这一出去，他就返回青岛上班了。

过了一阵子，他来找我咨询："刘老师，我家孩子最近怎么变了呢？"我问："怎么变了？"他说："以前我打电话回家，我家孩子可喜欢接我的电话了。可是，最近我打电话回老家，我家孩子都不愿意接我的电话。有时孩子不情愿地接了我的电话，上来就对我说'爸爸，我恨死你了！'。"

在这个案例中，爸爸在离开时不是没给孩子打招呼，而是用欺骗的方式和孩子打招呼，这种欺骗的方式导致了孩子对爸爸的恨。

如果妈妈在离开孩子时不打招呼，孩子就喜欢跟在妈妈屁股后面，生怕自己一下子没有看紧，妈妈就溜掉了。妈妈偷偷溜走的行为会造成孩子安全感的缺失。安全感的缺失容易导致孩子无法专注地做一件事，影响专注力。安全的亲子关系是孩子主动探索外部世界的基础。安全感同样会影响孩子未来的亲密关系。

妈妈偷偷溜走的行为容易使孩子产生一种不确定感——孩子不确定妈

妈什么时候会离开自己。这种不确定感已经通过一个著名的心理学实验得到了证实。这个实验是这样的：实验对象是三组小白鼠。在实验中，不给第一组小白鼠施加电击；给第二组小白鼠施加电击，并在每次电击前给予一个信号；给第三组小白鼠施加电击，在每次电击前不给任何信号，不定时地施加电击。实验结果表明：第一组小白鼠最健康，因为它们没有承受电击的压力；第三组小白鼠被解剖之后，人们发现它们都有胃溃疡。胃溃疡意味着这组小白鼠在不确定的电击下产生了焦虑。由此可见，父母不确定的行为容易引发孩子的焦虑。有一位教授用一句话生动地描述了这种不确定感给孩子带来的影响，他是这样说的："昨天你还说爱我，今天你就打我一顿，明天你是否依然爱我呢？"

　　分离时不打招呼、偷偷溜走的行为会给孩子造成不小的影响，导致孩子产生焦虑的情绪，甚至影响孩子的安全感。如果这种情况已经发生，并且影响到了孩子，修复的最好方式是给孩子持续、稳定、一致的爱，让孩子的焦虑和不安感逐渐得到缓解。

第九节
隔代抚养，父母不应该缺席

一直由老人带大的孩子在回到父母身边后，最容易出现的问题就是他很难与父母建立亲密关系。

一、由老人带大的孩子很难再与父母建立亲密关系

在妈妈重返工作岗位后，大多数孩子白天由老人照看，晚上由妈妈照看，孩子和妈妈一起睡。有的孩子会被送回老家，由老人在老家抚养，这种照看方式对孩子来说具有非常大的伤害性。

在产假结束之前，妈妈和孩子建立了亲密关系。产假结束，有的妈妈将孩子送回老家，交给老人抚养，孩子会有一些激烈的情绪反应。在刚开始时，孩子会使劲地哭，哭得惊天动地，哭得撕心裂肺，哭得嗓子都哑了，再后来就没有声音了，只会抽泣，两眼无神，最后就默不作声了。随着时间的推移，孩子发现自己无力改变现状，为了生存，他只好去适应新的抚养者，开始与新的抚养者建立亲密关系。如果孩子与老人建立了亲密关系，老人就成了孩子情感上的父母。

大部分由老人带大的孩子很难再与父母建立亲密关系。孩子在与老人建立亲密关系后，又将面临分离。分离的时间往往是孩子要上幼儿园或者要上小学了，孩子被父母接到身边上学。这个时候，父母往往会发现，要

将孩子的心暖过来是多么费劲的一件事。无论父母怎么掏心掏肺，有些孩子的心好像永远地留在了老人那里。从情感上来说，老人无异于孩子的父母，而亲生父母对孩子而言，则显得有些陌生。就生命发展的自然规律来说，老人一般会比孩子的父母去世得早。老人的去世会给孩子的心理造成非常剧烈的冲击，毕竟孩子不是成人，他的承受能力有限。

我有一个朋友，从小跟着她奶奶长大，即使她现在三十多岁了，也很难面对她奶奶的生老病死。在她奶奶生病住院的那段时间里，她总是觉得心里不踏实，总是担心会发生什么不好的事情。在她奶奶去世之后的半年时间里，她一直精神恍惚，心里非常难受。说到这里，我想起我和孩子之间的一次对话。

> 那时候，孩子才四岁，语言表达能力有限。有一天，我们一家人正在吃午饭。我突然想起我父亲马上就要过八十岁生日了，于是就感慨地说："唉，要是我能活到八十岁，我们家和和（孩子的小名）就有四十多岁了。那我就可以放心地走了。"孩子突然问："那要是我八十岁了呢？"我说："要是你八十岁了，爸爸就走了。"我怕孩子不明白"走了"的意思，就给孩子解释："'走了'就是死了，就不能再陪你了。要是我走了，你会怎么办呢？"孩子回答："那我的心就破了。"孩子此时年纪尚小，还不会说"心碎了"。听到孩子这样说，我和他妈妈当场就哭了。

一些由老人带大的孩子，在有了自己的孩子后，可能会理解父母当年的苦衷，也尝试着去修复自己与父母的关系，但大多无法再和父母建立亲密的亲子关系。

有些老人因为身体状况差或者其他原因无法帮着照看孩子，有的家庭就需要请保姆照看孩子，白天保姆带孩子，晚上妈妈照看。有的家庭总是频繁地更换保姆，孩子既要处理与上一个保姆的分离焦虑，又要努力与新保姆建立亲密关系，这无益于孩子的心理发展，容易让孩子缺少稳定感和安全感。

二、父母要和孩子建立高质量的依恋关系

妈妈在照看孩子时要讲究方式方法，与孩子进行亲密的互动，建立高质量的依恋关系。

一个年轻妈妈找我咨询。她说，她弟媳妇有一个不到一岁的孩子，最近一段时间孩子显得非常烦躁，非常想亲近她弟媳妇，但在喝母乳的时候，又总是咬她弟媳妇。她想问一问这是怎么回事。

我问："孩子一直是你弟媳妇带的吗？"

她说："是啊。"

我问："那谁帮你弟媳妇一起照看孩子呢？"

她答："孩子一周在姥姥家，一周在奶奶家，两家轮换着住。"

我猜测孩子之所以烦躁，是因为不断更换抚养者。我继续问："那你弟媳妇呢？"

她说："我弟媳妇为了孩子更好地成长，还特地辞去了医院的工作，全职在家带孩子。无论是在姥姥家，还是在奶奶家，妈妈都在孩子的身边啊！"

乍一听，这好像是一个不错的养育方式。于是，我继续追问："在白天的时间里，谁照看孩子的时间多一点呢？"

她说:"我弟媳妇是学医的,很注重孩子的饮食搭配,整天忙着给孩子弄吃的,她不放心交给别人弄,所以老人照看孩子的时间就多一点。"

我说:"难怪孩子会这样。你跟你弟媳妇说,和孩子建立高质量的依恋关系比给孩子弄吃的更重要。如果你弟媳妇整天忙着给孩子弄吃的,那她不就成保姆了吗?她辞职还有什么意义呢?让老人去给孩子弄吃的,让你弟媳妇多照看孩子。"

一个多月之后,这个妈妈反馈说孩子好多了,没有之前那么烦躁了,喝奶咬自己妈妈的情况也没有了。

妈妈如果能自己带孩子,那就最好自己带孩子。妈妈如果在年轻时图轻松不带孩子,等孩子长大了,就会有很多的麻烦事。

在孩子断奶后,大部分时间是我照看孩子,晚上冲奶粉也大多是我来。孩子和我的关系很亲密。在孩子两岁之前,我尽可能地陪在孩子的身边,不出差、不参加时间长的培训活动等。

在孩子两岁多时,我得到了一个不错的外出学习的机会。就因为这次外出学习的经历,我观察到了孩子对分离的反应。在我学习完回到家的那天晚上,孩子已经睡了。第二天早上,孩子妈妈说:"你出门的这几天,孩子表现得挺好的。每天早上,我去哪儿,孩子就跟到哪儿,连我上厕所都跟着。"孩子妈妈说这些话的时候,透着一丝得意,为孩子跟她亲近感到高兴。

平时我在家,孩子早上醒来,收拾好之后,他能独自在客厅里玩耍。为什么孩子现在会这样呢?我对孩子妈妈说:"你先别顾着高兴。孩子平时和我亲,可是我离开了他。孩子生怕妈妈也会突然离开他,所以他这几天才黏着你。孩子一会儿看到我,估计就不会跟着你了。"果不其然,等孩子醒来后,我就过去和他逗乐,他穿好衣服后,就独自在客厅里玩了。

三、父母要承担养育孩子的责任

有些妈妈经常玩消失,搞得孩子整天紧张兮兮的,生怕妈妈突然不见了,孩子变得比以前更黏人。孩子即使再小,也会产生各种情绪。有的孩子因为年龄小,语言表达能力弱,所以他在有情绪时,一般会通过外在的行为表现出来。当你不能读懂孩子行为背后的含义时,你就有可能错过一次和孩子亲近的机会。

被送回老家抚养的孩子大多不能理解父母的苦衷,他只会简单地认为父母不要他了,把他送给别人了。被送回老家抚养的孩子可能会想:"是不是我不够好?要不然我的爸妈怎么会把我送到外地呢?"被送回老家抚养的孩子普遍比较敏感,到青春期的时候,也更容易比其他孩子叛逆。所以,自己的孩子就应该由自己养,不能把养孩子的责任全部推给老人。

第十节
呵护孩子离不开的依恋物

在心理学上，依恋物又被称为过渡性客体，它是指那些能够过渡性地承载孩子对父母依恋的东西。父母要呵护孩子对某个物件的依恋，多关心孩子，让孩子有安全感。随着时间的推移，大部分孩子会逐渐淡化对某个物件的依恋。

有一次，我在讲一堂家庭教育试听课的过程中，注意到一位坐在前排、戴着帽子的中年男士，我一看就知道他是一位父亲。来听我讲课的多是妈妈。这位父亲正襟危坐，很是显眼。试听课结束后，朋友劝说这位男士报我的正式课，他说他要找我谈一谈再做决定。于是第二天，这位父亲就带着自己的太太、读初一的孩子来找我了。听这位父亲说，他的公司现在运营得比较好，能腾出时间来管孩子了，可是孩子有点儿网络成瘾，他整天为此事犯愁，听了我的课之后，就想和我谈一谈。我问他太太："一般都是妈妈来听我的课，你昨天怎么没有来听呢？"他太太说："家里还有一个几个月大的孩子，我走不开。"

我问："你家老大是谁带大的？"没有想到，我的这句话一下子让他太太泪眼婆娑。

他太太一边轻轻擦拭着眼泪，一边哽咽地说："老大九个月大的时候，正是我们俩创业最困难的时候。因为我们俩没有时间照看孩子，就把孩子送回老家了，让孩子的爷爷奶奶帮忙抚养。

每隔一个月，我们就回去看一次孩子。老人对我们说，九个月大的孩子，在我们走了之后，就一直抱着当时随身带的毛巾被，大哭不止，谁都哄不住，谁都拿不走那条毛巾被。"

从以上叙述中，我们可以看到，这个由老人抚养的孩子受到了比较大的心理伤害。这个孩子对毛巾被产生了依恋。毛巾被是过渡性客体，是妈妈的替代物。当妈妈不在孩子的身边时，孩子将所有的情感都倾注在了这个毛巾被上面，任谁都无法拿走它。不管这件物品多么破旧，孩子都依然喜欢它，有时候还偷偷地对着它说话，晚上和它一起睡觉。

父母总觉得亏欠了孩子，就想做一些事情来弥补孩子。有些父母不理解孩子为什么整天抱着那个又脏又旧的东西。于是，有的妈妈就会对孩子说："你把这个东西扔了吧。妈妈可以给你买一个又大又漂亮的玩具，你想要什么，妈妈就给你买什么。"可孩子就是不为所动，一直紧紧地抱着那个东西，生怕被妈妈夺走或者丢弃。有的父母还会偷偷地将孩子喜欢的那个东西丢掉，还认为自己这样做是为了孩子好，殊不知这样做会伤了孩子的心，因为孩子将自己对妈妈的所有情感和依恋都倾注在了那个东西上，丢弃了那个东西，那就相当于丢弃了他的妈妈。

我曾经接待过一个在校大学生，他是超生的，他出生后就被送到舅舅家抚养。长大之后，他重新回到父母身边生活。说起这件事情的时候，他出神地看着窗外说："十几年来，我一直在想，我那时最喜欢的那个东西到底被我父母扔在哪里了。"从这句话中，我们可以看到父母的无心之过给孩子造成了多大的伤害。

如果你发现孩子严重依恋某个物件，最好的处理方式就是你尽心呵护孩子的这种依恋，不要想尽办法去除这种依恋。随着时间的推移，大部分孩子会逐渐淡化对某个物件的依恋。

如果你在无意之中给孩子造成了心理伤害，我建议你一定要给孩子持续、稳定、一致的爱。你不要急于看到结果，因为心理创伤的修复需要相当长的时间。在这个过程中，孩子可能会出现类似退行的行为。你要耐心等待孩子成长。时间会让你和孩子重新建立亲密、安全的亲子关系。

第十一节
从依恋理论看养育

早年的依恋模式会影响孩子成年后与爱人之间的亲密关系。早年的依恋模式是未来亲密关系的模板。父母要尽可能地与孩子建立安全的依恋关系。

一、依恋理论

"依恋"一般是指婴儿和其照顾者（一般为母亲）之间存在的一种特殊的感情关系，它产生于婴儿与其照顾者的相互作用过程中，是一种感情上的联结。

依恋理论最初是由英国发展心理学家约翰·鲍尔比提出的，他试图理解婴儿与父母分离后所体验到的强烈苦恼。鲍尔比观察到，被分离的婴儿会以极端的方式（如哭喊、紧抓不放、疯狂地寻找）来抵抗与父母的分离。在当时，有人认为这些行为是婴儿不成熟的防御机制的表现，它们被调动起来，以便抑制内心的痛苦。鲍尔比却认为这些行为可能具有生物进化意义上的功能。

鲍尔比依据行为理论做出假设：这些依恋行为，如哭喊或寻找等，是婴儿与原有依恋对象（提供支持、保护和照顾的主要抚养者）相分离后产生的适应性反应。婴儿之所以出现这种反应，是因为婴儿不能自己获取食物、保护自己，需要年长又聪明的成年个体为其提供照顾和保护。鲍尔比认为，在进化的过程中，能够与一个依恋对象维持亲密关系的婴儿更有可能生存到生殖年龄。在鲍尔比看来，自然选择渐渐地设计出一套被他称为依恋行为系统的动机控制系统，用来调整人们与所依恋对象的亲近关系。

依恋行为系统是依恋理论中的一个重要概念。鲍尔比认为，依恋行为系统实质上是要询问以下一些问题："我所依恋的对象在附近吗？他接受我吗？他关注我吗？……"孩子如果察觉到这些问题的答案为"是"，就会感到被爱、安全、自信，并会有探索周围环境、与他人玩耍的行为。孩子如果察觉到这些问题的答案为"否"，就会体验到焦虑，表现出各种依恋行为，从用眼睛搜寻到主动跟随和呼喊。这些行为会一直持续下去，直到孩子重新建立与所依恋对象足够的身体或心理亲近水平，或者直到孩子"精疲力竭"，出现在长时间的分离或失踪的情境中。鲍尔比相信，在这种无助的情境中，孩子会体验到失望。

美国比较心理学家哈里·哈洛发表了自己的研究结果，证明舒适的刺激比喂食对依恋的形成更重要。实验中的小猴子从出生第一天起就离开母猴，在接下来的时间里将它交给两个代理母猴照看，其中一个是由金属编织成的母猴，另一个是由绒布制成的母猴。小猴究竟会更依恋哪只母猴呢？实验发现，小猴大部分时间都待在绒布母猴身边，只有在进食时才会待在铁丝母猴身边。当小猴们受到惊吓时，所有的小猴都待在绒布母猴身边。

这个实验让我想起了QQ群里的一位妈妈。这位妈妈非常得意地说起自己3岁多的孩子，说自己的孩子非常乖巧，说自己经常打孩子。有一次她的孩子对妈妈说："妈妈，你就是打我，我也爱你。"我觉得这个孩子真可怜。

幼小的孩子需要依附成人才能生存。在孩子小的时候，即使你责骂孩子千百遍，孩子也依然非常爱你。当孩子处于青春期时，你还敢责骂孩子吗？你只要敢责骂青春期的孩子，青春期的孩子就敢毫不犹豫地扭头就走。

二、依恋的类型

心理学家安斯沃斯设计了一个陌生情境测试，该测试是指将婴儿置于一个不熟悉的环境中并与母亲或熟悉的照料者分离的一系列实验程序，用于判断婴儿的依恋类型的测验。在实验的过程中，安斯沃斯设计了下面的几种情境：母亲和孩子在玩游戏，然后有陌生人加入；母亲离开，留下陌生人和孩子在一起；母亲回来，陌生人离开，母亲和孩子在一起；母亲离开，留下孩子单独待在房间里；陌生人返回，和孩子在一起；母亲返回，与孩子重聚。该实验着重观察孩子在陌生情境中从事探索的行为，以及孩子对母亲的行为反应。

安斯沃斯基于孩子在这些情境中的行为表现，将孩子的依恋类型分成以下四种：

（一）安全型依恋

安全型依恋的孩子在有妈妈陪伴时能够自由地玩耍，与陌生人打交道。当妈妈离开时，这类孩子会感到一丝不安，但能很快地安静下来。等到妈妈回来时，这类孩子能高兴地迎接妈妈，得到妈妈的安抚后又能接着玩。这类孩子在成长的过程中得到了很好的照看，得到了妈妈持续、稳定、一致的爱，有很强的安全感，即使妈妈不在孩子的身边，孩子也能非常专注地玩耍，和妈妈的互动表现得亲切又自然。

（二）回避型依恋

回避型依恋的孩子无论是妈妈离去时还是妈妈回来时，都表现出淡漠的态度，不哭也不闹，表现出较少的探索行为。回避型依恋的孩子并没有与妈妈建立依恋关系，妈妈在抚养孩子的过程中，即使孩子表达过、哭过，妈妈也没有及时地回应孩子。因为缺少陪伴或者没有太多的亲昵互动，孩子与妈妈的关系比较淡漠。孩子不在乎妈妈的离开，也不敢奢望妈妈能照顾到自己的感受。

（三）矛盾型依恋

矛盾型依恋的孩子即使有妈妈在场时，也对探索行为和陌生人表现出不安感。在妈妈离开时，这类孩子有强烈的情绪反应，哭闹得非常厉害，很难被安抚。等到妈妈回来时，这类孩子的不良情绪就好像没有散去一样，没有像别的孩子那样表现出高兴的情绪，反而有怨恨的情绪。矛盾型依恋的孩子表现得有些奇怪，在妈妈走的时候情绪反应剧烈，不愿意让妈妈离开；在妈妈回来的时候，却表现出不欢迎的态度。这种情况跟妈妈给予孩子太多不确定感有关。这类孩子因为妈妈的离开而体验到强烈的焦虑感。

（四）紊乱型依恋

紊乱型依恋的孩子有时可以感受到照看者温和、慈爱的一面，有时可以感受到照看者吓人的一面。这种情形的出现与照看者的虐待行为、忽视行为、情绪无常有关。由于亲子互动体验是无规律的，因此这类孩子无法形成连贯的交际模式。如果我们将照看者比作镜子，那么这类孩子就像在观看破裂为无数碎片的镜子。

安斯沃斯认为，依恋的质量在很大程度上取决于照看者的特质。促进婴儿建立安全型依恋关系的照看者一般具有以下特点：

①敏感性：在婴儿发出信号后能给予婴儿及时、准确的回应。

②积极的态度：经常对婴儿表达积极的情感和喜爱之情。

③同步性：能与婴儿的感受和情绪同步，能和婴儿一起进行平稳、互惠的活动。

④亲密性：和婴儿的情感连接紧密，能和婴儿进行亲密的互动。

⑤支持度：及时地参与婴儿的活动，并给婴儿提供情感上的支持。

⑥刺激性：经常将自己的注意力投注在婴儿的身上。

有些照看者缺乏敏感性，不容易与婴儿建立安全的依恋关系。如果照看者患有抑郁症，那么婴儿就容易形成某种不安全的依恋类型，这是因为患有抑郁症的照看者容易忽视婴儿发出的信号。那些在童年时期就缺乏爱、被忽视、被虐待的照看者，还有那些意外怀孕又不想要孩子的照看者，由于缺乏敏感性，很难与孩子建立安全的依恋关系。

第三篇
陪孩子走过婴儿期

3

觉察寄语

　　有些父母喜欢用"一把屎一把尿地把孩子拉扯大"这样的话来描述养育孩子的不容易。然而不可否认的是，孩子让我们的人生更加充实、完整。养育孩子就是一场艰难而漫长的自我修行，不能怎么轻松就怎么来，我们要采取有利于孩子成长的养育方式。

第一节
自主性发展

如果父母呵护孩子自主性的发展,孩子的自主能力就能得到发展。如果父母没有呵护孩子的自主性发展,孩子就会变得羞怯,缺乏自信心,缺乏做事情的主动性。

一、父母要呵护孩子的自主性发展

1岁左右的孩子,大多开始无意识地发出"ba""ma"等音节,作为照看者的父母在听到这些音节后,会非常地兴奋,甚至会激动地大喊:"孩子知道叫我爸爸/妈妈了!"父母强烈的行为反应会强化孩子再次发出"ba""ma"等音节。随着年龄的增长,孩子逐渐掌握了第一语言——母语。

在孩子1岁左右时,照看者还会关注孩子的另一项能力的发展,那就是行走能力。正常儿童多在1岁左右时学会走路。会走路对孩子而言意义重大。不会走路的孩子活动范围非常有限。会走路的孩子天天四处走动,活动范围逐渐扩大,对周围的一切都充满了好奇心,不知轻重地触摸、感知所有的东西,给照看者带来了很多担心和麻烦。有些妈妈会开玩笑地说:"还不如把孩子塞回肚子里,这样就不用时刻担心孩子了。"一方面孩子自以为自己有本事了,四处好奇地探索周围的世界,还不想让人管;另一方面照看者生怕孩子会受伤。

埃里克森认为，父母要在这个时期解决孩子自主性发展的问题。如果父母呵护孩子的自主性发展，孩子将来的自主能力就能得到发展。如果父母没有呵护孩子的自主性发展，孩子就会变得羞怯，缺乏自信心，缺乏做事情的主动性。

二、鼓励孩子去探索未知的世界

儿童在3～5岁期间会发生一系列的心理变化，这个时期被称为第一逆反期，以便与青春期（第二逆反期）区别。处于第一逆反期的孩子有时候执拗得让家长觉得他不可理喻。举个例子，我回家的时候敲门，听到孩子在里头说"我来开门"。结果是孩子妈妈给我开的门，孩子就开始哭闹，非得他来给我开门。家长如果不懂孩子的心理发展规律，就会觉得孩子无理取闹，甚至会批评孩子。家长这样做会给孩子带来负面的感受，容易挫伤孩子的自主性。那么，家长应该怎样做呢？家长可以走出家门，重新敲门，让孩子来开门。

其实，这个时期的孩子会觉得自己掌握了不少本领，喜欢尝试各种事情。如果这些尝试性的行为总是能得到抚养者的鼓励，孩子的自主性就能得到充分发展。如果孩子动任何东西，尝试做任何事情，总是有人在旁边提醒他"不许动！你弄不好！""不要动！就知道给我添乱！""哎呀，别动！太脏了！"，孩子就容易变得羞怯，缺乏自信心，不敢尝试做任何事情。

在有些老人的眼里，听话的孩子才是好孩子。有的老人喜欢用这样的语言夸赞别人家的孩子："哎呀，你们家的孩子真听话。不乱跑，也不乱动，老老实实的，一点都不调皮！"可是，在我的眼里，孩子太乖未必是一件好事。我们家的孩子在一岁半之前白天由保姆带，晚上由我们带。保姆是一个性格非常内向的人，平时就在家待着，很少带孩子出去玩。在保姆带孩子的那段时间里，我发现孩子非常老实，我们坐在哪儿，孩子就紧挨着我们坐着，不像别的孩子，四处走动，寻找自己感兴趣的东西。一个一岁多的孩子整天陪着老人晒太阳，这是一件非常可怕的事情。为此，我和孩子妈妈费了很多时间和精力才将孩子的状态调整过来。

老人之所以说听话的孩子好，是因为老人站在自己好不好带孩子的角度讲的。因为老人的精力有限，跟不上调皮的孩子，所以老人希望孩子能听话老实一点，以便于自己照看。

照看者如果总是限制孩子，不让孩子主动探索未知的世界，不鼓励孩子尝试新事物，不仅会影响孩子自主性的发展，还会妨碍孩子各方面能力的发展。一个人知识的获得和能力的发展不仅发生在学校环境中，还发生在其他环境中。从生命的最初阶段开始，孩子就在不断地主动学习，探索未知的世界。

举个例子，父母如果想让孩子认识苹果这个物体，就需要让孩子调动自己的感官去感知苹果，从而让孩子了解苹果的外形、颜色、触感、口感等各种特质，并且与"苹果"这个概念建立联系，进而让孩子在诸多水果中识别出苹果。概念和实物的联系来自孩子对苹果的感知。孩子今后能牢固地记忆、识别苹果。如果你从来没看过、没摸过、没吃过苹果，当我告诉你"苹果"这个概念时，你肯定会感到陌生，不会记忆深刻。

从脑科学的最新研究结果来看，决定一个人聪明与否的关键并不是脑细胞数量的多少，而是脑细胞之间神经连接的丰富与否。如果脑细胞之间的神经连接多，孩子的智力水平就比较高。脑细胞之间神经连接的多少，取决于孩子感知、探索这个世界的多少。如果一个孩子总是被鼓励去感知、探索新鲜事物，其脑细胞之间的神经连接就会增多。如果孩子没有去触碰、去感知这个世界，细胞与细胞之间就是孤立的，不容易建立连接。

父母鼓励孩子去探索未知的事物，有利于孩子的智力发展。

第二节
如厕训练

❋

父母不要因为孩子控制不好自己的大小便，弄脏了裤子，就责骂孩子。大小便的控制不取决于孩子的主观意志，而是取决于孩子的生理机能是否发育成熟。过度要求孩子容易导致孩子形成肛欲期人格，也就是容易出现强迫倾向。

年龄太小的孩子，不能很好地控制自己的大小便，一旦尿湿了、拉脏了裤子，父母就得赶紧给孩子换裤子。在以前，父母大多给孩子使用尿布。因为给孩子准备的尿布数量有限，孩子排尿、排便的频率又高，干净的尿布很快就所剩无几，有的父母不得不深更半夜起来给孩子洗尿布。有的父母习惯对孩子这样说："我一把屎一把尿地把你拉扯大，容易吗？"

现在的父母，大多给孩子使用尿不湿，但有些父母依然选择给孩子使用尿布。为了减少换尿不湿、洗尿布的次数，省去一些麻烦，有的父母就早早地对孩子进行如厕训练。一些父母认为，对孩子进行如厕训练是非常有必要的。有些父母就不会对孩子进行如厕训练，让孩子一直用尿不湿，直到孩子能很好地控制自己的大小便。

一位德国心理学家做过这样的实验：一组孩子接受如厕训练，另一组孩子不接受如厕训练。结果发现，两组孩子几乎在同一时间拥有控制大小便的能力。也就是说，如厕训练起到的作用微乎其微，大小便的控制取决于孩子生理机能的成熟度。

我们可以通过这个研究结论得到哪些启示呢？你如果坚持给孩子做如厕训练，就不要再因为孩子控制不好大小便而责骂孩子。有的妈妈会这样骂孩子："跟你说过多少遍了，有屎有尿的时候你就说，你就是不说。你要累死我啊！"家长们要知道，控制大小便的能力不取决于孩子的主观意志，而是取决于孩子的生理机能。

如厕训练不当会让孩子感到焦虑。有的父母要求孩子去上厕所，当孩子没有办法顺利完成时，就会对孩子发火。有的孩子会因此觉得父母不喜欢自己了，会感到焦虑，出现睡眠质量下降、强迫症的情况。强迫症的特征是，明明知道不应该那样去做、那样去想，可就是控制不住自己。

有一个家长这样对我说："哎呀，我家孩子就是这样的。他现在才5岁，就有强迫症倾向。"我问："为什么你会这样认为呢？"这个家长说："那天孩子进卫生间洗手，半天没有出来。我就过去看看孩子到底怎么了。结果孩子正在卫生间里挂毛巾呢。因为毛巾的两个角老是对不齐，孩子就一直想弄整齐。"我又问："你觉得孩子为什么会这样做呢？"这个家长说："孩子的姥姥有洁癖，对什么事都要求很高，特别注重细节。孩子从小由姥姥带大，应该是姥姥的养育方式影响到了孩子。"某些研究已经证实，抚养者对孩子的要求越高，孩子患强迫症的概率就越高。

想对孩子进行如厕训练的父母们，一定不要太急躁，最好让孩子顺其自然。

第三节
闲话打压式教育

> 规则意识的培养不应该建立在恐吓和强权之下,它是一个漫长的过程,需要父母具备足够的耐心与稳定的情绪。

随着孩子年龄的增长,父母要适当约束孩子的某些行为。在规则和自由之间,父母该如何把握呢?就像前文说的那样,一方面是孩子自主能力发展的需要,另一方面是约束孩子行为的需要。如何让孩子养成规则意识并逐渐内化,是为人父母的责任。

一、父母该怎样帮助孩子培养规则意识呢

在孩子两岁之前,孩子的需要几乎都是吃喝拉撒睡这类基本的生理需要,社会需要相对较少,孩子的很多行为发生在家庭内部,孩子需要遵守的规则相对较少。在孩子两岁之后,孩子与家人之外的人互动增加,在家庭之外活动的时间也增加。因此,在孩子两岁之后,父母要慢慢地培养孩子的规则意识。当然,两岁并非一个严格的时间节点,只是一个大致的时间节点。不是说在孩子满两岁的前一天父母就放纵不管孩子,也不是说在孩子满两岁的当天父母就严格约束孩子。任何一个行为习惯的养成都是一个循序渐进的过程。

对于一个两岁左右的孩子而言,父母该怎样帮助他培养规则意识呢?

在孩子小的时候，父母很容易约束孩子的行为。一个很重要的原因是孩子的能力有限，孩子需要父母的协助才能达成自己的意愿。有些父母感慨："怎么孩子越大越不听话了呢？"孩子在小的时候需要父母的协助，愿意服从父母的管教。随着年龄的增长，孩子自身的能力增强了，他不需要父母的帮助就能达成自己的意愿，当然敢不听父母的话了，反抗父母了。孩子自身的能力越强，孩子依赖父母解决问题的可能性就越小。

一两岁的孩子问："爸爸，我可以吃糖吗？"爸爸直接来一句"不可以"，孩子就没有任何办法。因为对一个一两岁的孩子而言，他够不到糖果，甚至打不开糖果的包装纸。孩子放弃了自己的需求，不是真的遵从了家长的意愿，而是无力反抗家长。有的家长并没有意识到这些，还天真地以为自己的权威在起作用。随着年龄的增长，当孩子能够到糖果，也能打开糖果的包装纸时，他就不会再请求家长，而是偷偷地拿糖果吃。

二、规则意识的培养不应该建立在恐吓和强权之下

由此引申出来一个问题：打骂孩子，管不管用呢？肯定管用。从行为主义的角度来看，父母通过打骂的方式的确能约束孩子的某些行为。当一个行为总是伴随着一个强烈的负面刺激的时候，这一行为再次出现的可能性就会降低。可是，我想问问各位家长：在孩子小的时候，你们能打孩子。等孩子长大了，你们还能打得过孩子吗？

规则意识的培养不应该建立在恐吓和强权之下，它是一个漫长的过程，需要父母具备足够的耐心与稳定的情绪。孩子具有良好规则意识的表现是，不管有没有人监督，他都会遵守规则。依赖高压和强权去培养孩子的规则意识是不靠谱的。

三、打压式的教育不利于培养孩子的规则意识

我一直坚信打压式的教育不利于培养孩子的规则意识。在打压式的教育之下，孩子要么表面顺从父母，要么直接和父母对抗。孩子选择哪种方式，取决于他自己的先天特质。孩子如果总是压抑自己的情绪，难免有一天会爆发情绪。孩子如果直接和父母对抗，就会被贴上"从小就不服从管教"的标签。有的孩子，并不是真心服从父母，也没有将规则内化，他可能会想："我怎么这么倒霉啊？我怎么就被我父母逮住了呢？"有这种心理的孩子喜欢和父母、老师玩"猫捉老鼠"的游戏。

有一次，一个小孩对我说："老师，我爸还想跟我玩心眼呢。呵呵，我爸为了不让我玩电脑，设置了开机密码。我爸哪有我懂电脑，我早就破解了开机密码，我爸还不知道。不过我爸也挺厉害的。有一天，我爸回到家后，一摸电脑主机箱，发现主机箱发热，于是就揍了我一顿。自那之后，每次玩电脑之前，我都先拿一条湿毛巾盖在主机箱上，然后搬一台风扇对着主机箱吹。我还练就了一项本领——只要楼下的楼道门一开，我一听脚步声就知道是不是我爸回来了。只要一发现我爸回来了，我就立马关电脑。直到现在，我爸都没有发现我在玩电脑。"不知道这个孩子的父亲听到这些话后会怎么想。

一位家长说，他管教孩子的方式向来是简单粗暴的。他家孩子上初中之后开始沉迷于网络。刚开始，这位家长只要发现孩子偷偷去网吧上网，就狠狠地打孩子一次。很快，打骂的方式就对孩子不管用了，孩子任凭家长打骂，就是不说一句话。后来，这位家长实在没有办法了，就断绝了孩子的经济来源，不给孩子零花钱。可是，有一天，网吧的老板找上门来，说孩子在网吧赊账上网。这位家长听完之后感到非常生气。网吧老板刚走，孩子就恰好回来了。这位家长就抡起拳头准备揍孩子，结果孩子双手抓住

了家长的胳膊,将家长逼到墙角。这位家长发现自己的身体完全被孩子控制住了。在那个瞬间,这位家长觉得自己很可悲。

打压式教育虽然具有不错的短期效应,但是它给孩子未来的发展埋下了隐患。当孩子到了青春期时,父母的打压式教育往往就会对孩子失效,因为在面对青春期的孩子时,父母打不得、骂不得。

第四节
规则意识

> 规则意识是指发自内心地以规则作为自己的行动准绳的意识。有良好规则意识的人不管有没有监控,也不管有没有惩罚或奖励措施,他都会遵守规则。

有些人不愿意遵守规则,尤其是在没有监控的地方,就会原形毕露,自己想怎么干就怎么干。有些人之所以在有监控的地方老实遵守规则,是因为这些人的规则意识停留在"免于惩罚"的基础上。只要能逃避惩罚,这些人就会违反规则。柯尔伯格认为这种道德发展水平是最低等级的。有良好规则意识的人,遵守规则成为他的习惯,不管有没有监控,也不管有没有惩罚或奖励措施,他都会遵守规则。

有的父母在让孩子树立规则意识的过程中采用威胁孩子的方式。有的父母会对孩子说:"如果你不停下来,看我怎么揍你。""赶快停下来,要不然警察就把你抓起来了。""你要是再不听话,看你爸回来怎么收拾你!"父母想用威胁孩子的方式让孩子变得听话、守规则。

假设你有闯红灯的行为。有的人会对你说:"你不可以闯红灯。你要是被警察发现了,就会被处罚的。"这句话的意思可以理解成,你只要不被警察发现就好了。还有的人会对你说:"你不可以闯红灯。闯红灯的行为对你和别人来说都是非常危险的。"这句话可以理解成,闯红灯是一种威胁自己和他人安全的违法行为。

我不愿意看到孩子因为惧怕我而不敢干什么事。有一天，我刚回到家，推开门，孩子就立刻用遥控器关掉了电视。看到这种情况，我语气温和地对孩子说："孩子，爸爸不愿意看到你这样做。你如果想看一会儿电视，就看一会儿电视。到点了，我会叫你，你关掉就好了。"过了几天，孩子的姥爷对我说："你们不在家时，孩子到点就自己关掉电视了。"晚上吃饭时，我重点表扬了孩子的这一行为。我希望用这种处理方式让孩子将规则内化到心中。直到现在，只要我说一句"到点了"，孩子就会迅速地关上电视。

幼儿园的老师会对孩子们说："老师在你们家里装了监控，你们干了什么，老师都知道。"这种方式对幼小的孩子有效，因为幼小的孩子缺乏辨别真假的能力。随着孩子年龄的增长，这种方式就会对孩子失效。

培养孩子的规则意识是一个长期的过程。父母需要采用正确的方式帮助孩子树立规则意识，耐心引导孩子。

第五节
温柔地坚持规则

✳ ··

我不主张规则的建立要以牺牲孩子为代价。我也不主张父母用语言或行为暴力让孩子遵守规则。

一、控制需要节制的行为

我认为，行为的约束或者规则的建立应该在区分以下两种行为的基础上。一种行为是底线行为。什么是底线行为呢？就是不允许人们有某种行为，比如偷盗、欺骗、打架、骂脏话等。每个家庭的行为底线是不一样的。另一种行为是有节制的行为。什么是有节制的行为呢？就是人们要控制自己的某种行为，比如看电视、玩平板电脑等电子产品，买玩具、买零食等等。

对于年幼的孩子而言，规则更多的是针对那些需要节制的行为，比如玩电子产品。在现代社会中，孩子们过早地接触了手机、平板电脑等电子产品。我个人的观点是，在现代社会中，父母想要完全禁止孩子玩电子产品是不可能的。很多事情是物极必反的。过度的控制可能会导致过多的放纵。父母越是严格控制孩子，孩子将来可能反弹得越厉害。孩子生活在这个时代，就浸染在这个时代里。如果孩子完全不玩电子产品，那么他与同龄人在一起时就会缺乏一些共同话题。电子产品也不是一无是处。孩子如果能好好地利用电子产品，就能达到怡情益智的目的。

我也不赞成家长随意地将电子产品交给孩子的这种做法。有的父母忙着做自己的事情，不想被孩子打扰，就让孩子一个人玩手机或平板电脑。孩子如果养成了过度依赖电子产品的习惯，就会自食其果。从已有的研究结果来看，过度依赖电子产品会影响孩子的智力和注意力，影响孩子各项能力的发展。

为什么电视能吸引孩子的注意力呢？因为电视画面有鲜艳的色彩，又是动态的，能给孩子带来快乐。如果孩子习惯了这种生动、有趣的信息源，那他怎么会喜欢单调的授课方式呢？沉迷于电视的孩子很容易在上课时产生疲倦感、走神。还有，沉迷于电视的孩子习惯被动地接受各种信息，不愿意动脑筋，长此以往，孩子的大脑发育肯定会受到影响。

我们在看小说时，随着小说情节的发展，会展开无限的想象，想象各种人物的服装、外貌等。为什么金庸的武侠小说一旦被翻拍成电视剧或电影，就会遭到观众铺天盖地的吐槽呢？一个很重要的原因是一千个读者就有一千种关于人物或情节的想象，电视剧或电影里的各种人物角色、情节不符合读者们的想象。

二、父母温柔地坚持规则

怎样才能让孩子控制自己的行为，遵守规则呢？父母应该温柔地坚持规则。所谓"温柔"，就是父母在制定规则、遵守规则的过程中尽量避免亲子冲突；所谓"坚持"，就是父母不放弃，尤其是在孩子不断挑战父母底线的时候，父母一定要坚守自己的底线，坚守自己的规则。

我认为，"温柔"就是"不伤害"。有些妈妈的语言特别有杀伤力，会对孩子这样说："你要是再不听话，妈妈就不爱你了！""你要是再这样，妈妈就不要你了！"有个妈妈说，她还会做出驱赶孩子的行为——把门打开，使劲将孩子往外推。孩子就感到非常害怕，用双手紧紧地抱住妈妈的一条腿，使劲地说自己错了，对不起妈妈。孩子就这样平息了一场亲子冲突。当天晚上，孩子就发烧了。病好了之后，孩子就像变了一个人，总是处在惊恐的状态中，再也不像以前那样天真活泼了。这是一个妈妈在听完我的课之后讲述的她自己的事。这个妈妈哭得泣不成声，后悔自己曾经那么粗暴地对待自己的孩子。所以，我不主张父母用语言暴力或行为暴力让孩子遵守规则。

我认为，"坚持"就是不放弃。举个例子来说，有的家长一直纠结该不该带孩子去商场，因为孩子一去商场，就要求买这买那。有位家长在育儿QQ群里说，她如果带着孩子，见到商场就会绕着走。这说明有些家长不知道该怎样面对孩子买东西的要求。

建议父母在带孩子去商场之前，交代一下规则，可以这样对孩子说："宝宝，今天我带你去商场。你要听话啊！你最多只能买两样东西，不能见到什么就想要什么。"另外，我建议父母不要干涉孩子挑选东西的自由，不要说孩子挑选的东西不好，除非孩子挑选了非常不靠谱的东西。一句话，父母要在规则允许的范围内给予孩子尽可能多的自由。

有的孩子无视规则，见什么都想要，如果家长不答应他的要求，他就又哭又闹，甚至在地上打起滚来。我建议家长此时保持冷静，不要因为顾及自己的面子而做出伤害孩子的事情。有的家长不管孩子怎么哭闹，拽起来孩子就走。有的家长会一边恐吓孩子"你哭吧，我不要你了"，一边装作要走。我觉得此时家长应该保持淡定，温和地对孩子说："宝宝，来之前我就对你说过，你只能挑选两样东西。如果你不听话，我就不会给你买。如果你想哭，那你就哭一会儿吧。我在这里等你，等你哭好了，我们再走。"然后，家长等在一边，保持冷静。几次之后，孩子大多就能遵守规则了。

三、可以弹性执行规则

有时父母不能刻板地要求孩子遵守规则，可以有适度的弹性空间。举个例子，孩子正在看动画片，在快到约定的时间之前，我会提醒孩子一声。到点了，我就过去看看动画片演到哪里了。如果动画片只差几分钟就结束了，我就不会让孩子立马关掉电视，我会对孩子说："到点了，你看完自己关掉。"有时候我还会耍点"心眼"，这样问孩子："是你关电视，还是我关电视？"孩子会说："我关吧。"这样做满足了孩子自我控制的需求。如果到点了，孩子依然不为所动，我就会关掉电视。

四、如何强化孩子好的行为，消除孩子不好的行为

在上文中，我主要讲述了如何让孩子遵守规则，接下来我要讲一讲如何强化孩子好的行为，消除孩子不好的行为。

不知道从什么时候起，我家孩子就养成了分享的习惯。我们并没有刻意去教孩子分享。有一次我在外边讲课回来，看到餐桌上有一个山楂棒棒糖，我就问这是谁放在这里的。我爱人说："这是孩子给大家分零食的时候特意给你留下的。"我觉得我家孩子之所以养成了主动分享的习惯，是因为以下几个原因：

（一）榜样的作用

我爱人在分享这方面做得很好，每次吃东西的时候，她都是先拿给老人、孩子吃，最后才是自己吃。估计孩子将妈妈的这种行为看在了眼里，记在了心里。有一次，我给孩子拿了一根香蕉，孩子边接香蕉，边看了一眼爷爷奶奶。我注意到了这个细节，我猜孩子是看爷爷奶奶有没有拿到香蕉，于是我赶紧拿了两根香蕉给孩子的爷爷奶奶。孩子看到爷爷奶奶拿到

香蕉之后，才开始吃起来。

（二）强化的作用

当孩子主动分享的时候，我们就使劲表扬他。表扬多了，孩子就更喜欢分享了，从而形成了良性循环。

（三）方法得当

有的父母在教孩子分享东西的时候，会逗弄孩子："宝宝，你把这个零食给我吃点吧。"等到孩子真的给父母吃的时候，有的父母就会说："谢谢宝宝，宝宝自己吃吧。"如此，孩子就不会养成分享的习惯。在孩子主动分享的时候，成人一定要接过来孩子分享的东西，在表示感谢的同时，赞许孩子的行为。成人之间的那种客套不适合年幼的孩子。

当孩子有不好的行为时，有的父母就会盯着孩子，希望孩子立马改正。父母如果紧盯着孩子，就容易强化孩子的这种不好的行为。我觉得父母应该忽视这种不好的行为，赞许、强化那些好的行为。

举个例子，孩子在幼儿园里学会了一句脏话，回到家之后就会和父母说这句脏话。孩子年龄小，觉得自己这样说话很好玩。有的父母一听到孩子说脏话就容易反应过度。有时候，父母的过度反应恰恰强化了孩子说脏话的这种行为。因为孩子认为，只要自己说脏话，就能引起大人这么大的反应，真的很好玩。当孩子说脏话的时候，父母可以假装没有听见，漠视孩子说脏话的行为。一段时间之后，孩子就没有兴趣说了。

同样，面对一个喜欢在课堂上搞怪的孩子，老师可以选择漠视他。如果孩子一搞怪，老师就停下来关注他，估计他会越来越喜欢搞怪。老师如果发现这类孩子在一段时间内没有搞怪，就可以肯定他安静听课的行为。老师的肯定会让孩子安静听课的时间越来越长。

第六节
冰冻三尺，非一日之寒

> 每个孩子都有自己的个性特点。父母要尝试研究自己的孩子，全面地了解自己的孩子。如果父母不研究自己的孩子，孩子却将父母琢磨得透透的，父母就会在亲子交锋中败下阵来。

父母一定要培养孩子的规则意识。在孩子很小的时候，父母不宜让孩子遵守太多的规则。随着孩子年龄的增长，父母要逐渐规范孩子的言谈举止。如果父母对孩子放任不管，孩子就容易养成无法无天的性格。

有一次，一位学员找我咨询，对我说："我有一个闺密，她的孩子现在10岁了，很让她操心。她的孩子经常要求她买这买那，只要她不答应，她的孩子就会说'你要是不给我买，我就从这楼上跳下去'。"我开玩笑地说："她的孩子跳了吗？"这位学员说："她哪敢不答应啊！她只能满足孩子的要求。"

我想说："冰冻三尺，非一日之寒。孩子是怎样发展成现在这样的呢？"先看看以下这个案例：

在孩子小的时候，孩子要吃糖，妈妈会说不可以。孩子一听妈妈说不可以，就扯开嗓子哭起来了。妈妈怕孩子哭坏了，就选择了妥协，让孩子吃糖。

孩子通过这件事知道了什么呢？孩子发现，只要自己哭闹，妈妈就会答应他的要求。从此以后，只要妈妈拒绝孩子的要求，孩子就马上哭闹。妈妈怕孩子哭坏了身体，立马满足孩子的要求。有的孩子不等妈妈拒绝，就哭喊着要东西。

妈妈逐渐发现了孩子的伎俩，想整治一下孩子。妈妈说："我就不信我治不了一个孩子。"于是，妈妈下决心纠正孩子的行为。某一天，孩子又哭闹着要东西，妈妈决定和孩子抗争到底。孩子发现哭好像对妈妈不起作用，于是就升级自己的行为，在地上打起滚来。这个时候，孩子的爷爷看不过去了，就对妈妈说："孩子不就是想吃一颗糖吗？你犯得着让孩子哭成这样吗？来，宝宝，妈妈不给你，爷爷给你。"

妈妈不好驳孩子爷爷的面子，就这样错失了纠正孩子行为的机会。"机灵"的孩子洞悉了其中的玄机。一旦妈妈没有满足孩子的需要，孩子就会在爷爷奶奶面前哭闹、打滚，因为孩子发现自己这样做真的很管用。有一天，爸爸觉得孩子不能再这样下去了，也想管管孩子，可最后还是敌不过孩子的爷爷奶奶……孩子的行为就这样不断地"升级"。终于有一天，孩子发现，还有一招很管用，那就是威胁自己的妈妈，对自己的妈妈说"你要是不给我买，我就从这个楼上跳下去"。

是谁说孩子不聪明呢？孩子聪明着呢，不断地变换招数，把大人玩得团团转。

有时候，我真的感觉自己很幸运，学了心理学的课程，能克服一些原生家庭的影响。

有一天，我刚回到家，弓下腰，正准备换鞋。突然，孩子从书房里跑出来了，带着哭腔朝我喊："爸爸，你怎么现在就回来了呢？！"我觉得孩子有些莫名其妙，同时我还有些难过，心想："我怎么养了他这么一个白眼狼，竟然不欢迎我回来呢？！"我爱人笑着走过来，对我说："我和孩子说了，妈妈要做饭，你可以玩一会儿电脑，不过，等爸爸回来的时候，你就要关掉电脑。结果，孩子刚打开电脑，你就回来了。"我一听，笑了，对孩子说："哦，对不起，爸爸今天回来得有点儿早，你玩吧，一会儿再关掉电脑。"孩子立刻破涕为笑，转身就进屋玩电脑了。

每个孩子都有自己的个性特点。父母要尝试研究自己的孩子，全面地了解自己的孩子。

第四篇
陪孩子走过幼儿期

4

觉察寄语

俗语说："树大自然直。"这句话的意思是树苗长大了自然会变直。有的父母就被"树大自然直"迷惑，觉得孩子顺其自然地成长就好，长大后自然会明白很多道理。这类父母不会关注孩子的情绪和行为，也不会帮助孩子适应新环境。世上没有十全十美的父母，有的是不断追求自我成长的父母。

第一节
帮助孩子克服分离焦虑

孩子进入幼儿园后，表现出的分离焦虑是检验亲子关系质量的一个显性指标。

孩子3岁以后，就开启了幼儿园的学习生活。孩子会在幼儿园里度过3年的时光。幼儿园阶段是孩子身心发展变化非常快的一个阶段。在这个阶段，孩子会遇到入园适应的问题。每年，不同的幼儿园会采取不同的措施，比如由家长陪伴入园、分批入园、循序渐进入园等等，来帮助孩子尽快适应幼儿园的生活。

进入幼儿园后，陌生的环境、陌生的人会让孩子产生不安全感，孩子出现情绪波动大、哭闹不安、乱发脾气、不愿意与他人交往等现象，这些都是分离焦虑的表现。孩子表现出的分离焦虑是检验亲子关系质量的一个显性指标。

你如果用心观察，就能在幼儿园门口看到父母与孩子分离的各种情景。有些孩子能和父母一起有说有笑地去上幼儿园，能主动和老师们打招呼，也能轻松自然地和父母说再见。有些孩子满面愁容地去上幼儿园，在幼儿园门口上演声嘶力竭的亲子分离大戏。面对孩子"一哭二闹三逃跑"的情况，有的父母会和孩子耐心沟通；有的父母会训斥孩子一通，并强行把孩子推进幼儿园里。幼儿园老师会从父母手中接过来孩子，不管孩子哭得多厉害，都坚决地对父母说："好了，交给我就行了，你走吧。"父母带着不舍与不忍离开。

多数孩子的入园适应期在一个月到两个月之间，具体的适应时间会因为孩子的个体差异而有所不同。每个孩子的适应能力不同，适应期的长短也会有所差异。有的孩子只需要几天或几周就能完全适应幼儿园的生活，有的孩子就需要很长的时间来适应幼儿园的生活。

如果一个孩子都已经上中班或大班了，依然不能很好地适应幼儿园的生活，家长就应该提高警惕，看看自己和孩子的亲子关系是否出问题了。

观察亲子关系好坏的一个好时机是幼儿园的开放日。无论是公立幼儿园还是私立幼儿园，都有幼儿园开放日活动。在开放日当天，父母既可以观察孩子在幼儿园里的学习生活情况，又可以借机看看幼儿园的软件条件或硬件条件。有的父母比较关注幼儿园的硬件条件，比如幼儿园的卫生条件、伙食水平、午睡环境等。

因为我一直从事家庭教育和心理咨询的工作，所以我比较关注老师的教学态度、孩子上课的专注度、亲子关系的质量。

开放日那天，家长们进入教室后，分散坐在教室的各个角落里，然后用眼睛搜寻自己的孩子。孩子们的脸上洋溢着笑容。当老师开展教学活动时，孩子们的表现就不同了。有的孩子一直专注地听老师讲课，只是偶尔和家长相视而笑；有的孩子频繁转头，眼睛几乎没离开过家长，眼里还隐约含着泪水，根本不专心听课；还有的孩子频繁搞小动作，甚至站起来四处走动。

那些能专心听课、偶尔和家长对视的孩子，一般和家长建立了良好的亲子关系。这类孩子的家长在离开孩子时会和孩子打招呼。孩子凭以往的经历确信，只要家长离开教室，就一定会告知自己，完全不担心家长会悄悄地溜走。

那些频繁转头寻找家长的孩子，没有和家长建立安全型的依恋关系，缺乏稳定感、亲密感。这类孩子的家长在离开孩子时大多不打招呼，而是选择偷偷地溜走，这导致孩子缺乏安全感。这类孩子害怕家长会悄悄地溜走，就用眼睛时刻紧盯着家长。在开放日活动结束后，这类孩子要么不让家长走，要么非得和家长一起走。

那些频繁搞小动作，甚至站起来四处走动的孩子，明显比其他孩子的专注力差，没办法安静地坐在凳子上听老师讲课。家长一定要积极寻找孩子专注力差的原因，并采取有效的解决措施。

我再来说一说我家孩子的表现。当我走进教室的时候，我家孩子立刻两眼放光，开心地笑着。在老师讲课的过程中，我家孩子能专心地听讲，偶尔会回头看我一眼。在孩子们准备吃午餐时，开放日的活动就此结束了。看到自己的家长要走，好多孩子不再听从老师的指挥，要么缠着家长不让家长走，要么非得和家长一起走。我家孩子端着餐盘，坐在自己的座位上吃起饭来。我走到我家孩子的身边，俯身在我家孩子的耳边说："和和，爸爸要走了，你在这里好好吃饭，下午爸爸过来接你。"我家孩子非常爽快地说："爸爸，再见！"看到孩子有这样好的表现，我真的感觉很欣慰。

第二节
帮助孩子快速适应幼儿园的生活

为了帮助孩子快速适应幼儿园的生活,父母要提前做一些准备。父母要以积极的情感态度送孩子入园。当孩子不愿意上幼儿园的时候,父母要学会应对孩子的情绪。

父母应该怎样做才能帮助孩子尽快地适应幼儿园的生活,缓解孩子的分离焦虑呢?

一、父母提前做准备

为了帮助孩子快速适应幼儿园的生活,父母要提前做一些准备。父母可以带孩子去看看将要就读的幼儿园,去看看幼儿园里小朋友们的日常活动,让孩子接受自己要上幼儿园的事实;给孩子描绘幼儿园里的各种活动,让孩子喜欢上幼儿园。如果幼儿园允许,父母就可以带着孩子去幼儿园里面玩耍,让孩子熟悉幼儿园的环境。

二、父母要以积极的情感态度送孩子入园

孩子在语言能力不是很强的时候,感受能力相对较强。有的家长在送孩子入园的时候,没有处理好自己的情绪,眼含泪花,好像生离死别一样。

有的家长在孩子进入幼儿园之后久久不愿意离去，一边努力搜寻孩子的身影，一边流眼泪。孩子肯定能觉察到家长的情绪状态。妈妈和孩子一起走在去幼儿园的路上，孩子肯定能觉察到："今天我不是去游乐园，因为每当我去游乐园时，妈妈都会非常开心。妈妈今天不开心，这是否意味着我要去一个非常可怕的地方呢？"如果妈妈处于一种非常消极的状态，孩子肯定不愿意上幼儿园。所以，父母在送孩子入园时一定要保持愉快、稳定的情绪。

三、父母要学会应对孩子的情绪

当孩子不愿意上幼儿园的时候，父母要学会应对孩子的情绪。有一次，我在给幼儿园的家长们讲课的时候，曾经这样问家长们："如果孩子问'我今天可以不上幼儿园吗？'，你们会怎么回答呢？"我随机叫了几个家长，他们的答案都很有代表性。

一位妈妈站起来说："我会对孩子说，不可以。你如果不去上幼儿园，妈妈就要在家陪你。妈妈如果在家里陪你，就不能去上班。妈妈如果不上班，就没有钱给你买好吃的、好玩的。"

另一位家长说："我会对孩子说，好孩子都去上幼儿园，只有坏孩子才不去上幼儿园。"

更有意思的是，有一位家长说的话富有人生哲理，她说："我会对孩子说，人不是什么事情都愿意去做的。很多时候，我们即使不愿意去做某些事情，也得去做。"

我笑着问家长们："效果怎么样呢？孩子去上幼儿园了吗？"家长们回答："好说歹说，孩子去上幼儿园了。"我说："你们有没有注意到呢？我觉得你们在和孩子们沟通的时候，忽略了孩子们的情绪，没有去处理孩子们的情绪。孩子们大多不是心甘情愿地去上幼儿园的。那些没有被处理的情绪并没有消失,而是堵在孩子的心里。"

在面对孩子不想上幼儿园的问题时,我想给大家讲一讲我是怎么处理的。

我一般会蹲下来,抱着孩子说:"和和,你是不是特别想在家里玩啊?"

孩子点点头。

我说:"其实爸爸也特别想在家里陪你玩,可是爸爸要上班,真的做不到。"

我继续说:"这样吧,你将这几个奥特曼排好队,下午你从幼儿园回来后,爸爸和你一起玩。"

孩子就真的将自己最喜欢玩的奥特曼排好队,然后转身,拍拍手,对我说:"走吧。"

我的主要应对策略是先接纳孩子的情绪。孩子用点头表示他认可了我的话。然后,我顺着孩子还没有结束的一个游戏,给了孩子一个盼头。如果孩子的情绪被父母接纳、理解,孩子就更愿意配合父母。在亲子沟通的过程中,如果孩子有情绪,父母就不要先急着给孩子讲道理,应该先接纳孩子的情绪。

父母应该如何说才算是接纳孩子的情绪呢?就是父母在描述发生的事情时,附上描述这个情绪的名词。也就是父母说事实,回应孩子的情绪。父母可以这样对孩子说:"刚才小明抢走了你的玩具熊,你是不是很难过啊?"良好的亲子沟通不仅会让孩子更加配合父母,还会让孩子慢慢地学会识别和表达自己的情绪。

最后,我想对各位家长说,请相信自己的孩子有适应幼儿园生活的能力,也请各位家长调整好自己的心态,正确地引导自己的孩子,让孩子更快地适应幼儿园的生活。

第三节
入园的意义不在于孩子在幼儿园里学多少知识

在幼儿园阶段，游戏是这个年龄段孩子的主导性活动。孩子通过游戏来探索、感知这个世界，通过游戏学会与人互动交往。

有的家长认为孩子在幼儿园里就是单纯玩耍，不能学到知识，还不如让家里的老人来带孩子，将来孩子直接上小学。有的家长受到一些负面新闻的影响，觉得幼儿园老师们的人品不好，不愿意送孩子去上幼儿园。我认为，送孩子去上幼儿园，可以让孩子早点接触同龄人，让孩子在与同龄人玩耍的过程中学会分享、沟通、协作等，促进孩子的社会性发展。在家庭中，家长与孩子之间的互动交往总归是不平等的，家长会让着孩子，这种交往互动方式无法替代同龄人之间的交往活动。

我的一位朋友有一对双胞胎女儿。有一次他们夫妻俩带着女儿们去同事家里玩，一进门就发现鞋柜里有一双很漂亮的小拖鞋。于是两姐妹为了谁穿这双拖鞋吵得不可开交，最终她们俩通过讨论找到了解决办法，胜利的一方开心地穿着那双拖鞋玩了起来。那个同事看得目瞪口呆，对我的那个朋友说："孩子们都快打起来了，你怎么都不管呢？"我的那个朋友非常淡定地说："没事，习惯了。"可见，在多子女的家庭中，孩子们在吵闹中学会了各种人际沟通的技巧和处事法则。

至于孩子能不能在幼儿园里学到知识，我觉得这不是父母应该关注的事情，因为游戏是幼儿园阶段孩子的主导性活动。孩子通过游戏来探索、感知这个世界，通过游戏学会与人互动交往。教育部已经发文明确规定，幼儿教育不能小学化，然而有的父母依然希望孩子能提前学习一些知识，希望孩子不要输在起跑线上。

其实，从脑科学研究的结果来看，我们对幼儿的教育确实不宜小学化。大脑是由左、右两个大脑半球组成的。左脑控制右侧身体，右脑控制左侧身体。左脑主要控制文字语言与逻辑推理，控制判断、推理、语言等行为。一些学者认为，右脑是人的原始脑，主要控制直觉思维、感觉思维，能够同时处理大量的信息。在不被干预的情况下，右脑先得到发展。所以，幼小的孩子形象思维好，具有很好的想象力。如果父母过早地开发孩子的左脑，那就是过早地开发孩子的言语能力和逻辑思维能力，这会使右脑的功能发展受到抑制。

第四节
家庭中的三角关系

❋ 爱自己孩子的最好方式是爱孩子的爸爸或妈妈。夫妻关系好的家庭能给孩子提供良好的成长环境，孩子再差也差不到哪里去。问题孩子的背后大多有一个问题家庭。

在 3~6 岁这个阶段，孩子对性别和婚姻比较敏感。细心的父母应该会观察到，3~6 岁的孩子对两性的差异特别感兴趣。男孩会对妈妈说："妈妈，我要和你结婚。"女孩会对爸爸说："爸爸，我要和你结婚。"在这个时期，父母会经常看到孩子玩过家家的游戏，并在游戏中体验不同的角色。在这个时期，女孩会对妈妈的高跟鞋、口红、裙子等女性用品产生浓厚的兴趣，男孩会对爸爸的剃须刀、烟具等男性用品产生浓厚的兴趣。这些现象都说明，孩子正处于一个对性别、婚姻敏感的时期。

女孩通过观察得知，想和自己爸爸结婚的想法是不可能实现的，于是就转而认同妈妈，希望自己将来能嫁一个像爸爸那样的男人。同理，男孩想和妈妈结婚，却发现爸爸和妈妈才是最亲近的人，想和自己妈妈结婚的想法是不可能实现的，他会认同爸爸，从而希望自己有朝一日能娶一个像妈妈那样的女人。

如果孩子没有一个很好的认同对象，他就容易出现性别认同方面的问题，影响自己的婚姻观。在一个家庭中，妈妈和儿子的关系比较亲密，妈妈却肆意地否定爸爸，总是在儿子面前贬低爸爸。儿子本来想认同爸爸，却因为爸爸无法在他心中建立积极正面的形象，他就会对自己的性别产生羞耻感，不想成为一个男人，无法形成正确的婚姻观，从而不想走进婚姻的殿堂。

我认识的一位妈妈，每次和她婆婆发生冲突的时候，她的丈夫总是站在她婆婆那边，她因此非常伤心，总是向自己年幼的孩子诉说心中的委屈。妈妈的这种行为导致孩子非常恨自己的爸爸，最后孩子不得不求助心理医生。

如果妈妈总是在女儿面前贬低、数落自己的丈夫，动不动就对自己的女儿说"这世上没有一个好男人！""男人都是骗子，都不值得信任！"，久而久之，女儿就会内化妈妈对男人的评价。你们想一想：这个女孩长大之后会怎么做呢？她大概率会憎恶男人，不愿意和男人在一起，更不愿意结婚。

我觉得父母双方应该本着有利于孩子身心发展的原则，给予孩子积极的爱，不要相互嫌弃，恶语相向。在单亲家庭中成长的孩子不一定发展得不好。有些单亲妈妈就把孩子培养得特别好，这在很大程度上取决于妈妈的处理方式。

在有些家庭中，养育孩子好像是妈妈的事情，爸爸只管挣钱养家。在有关家庭教育的讲座中，我们很少看到男士的身影。一起来听家庭教育讲座的夫妻少之又少。难道养育孩子只是妈妈的责任吗？当孩子表现好的时候，有的爸爸会说："你看看我们的孩子，多棒！"当孩子表现不好的时候，有的爸爸会对妈妈说："你看看你，把孩子惯成啥样了！"这类爸爸把养育孩子的责任撇得一干二净。问题是，有的全职妈妈也怪自己没把孩子养好。我想对这些爸爸说："孩子的好与坏，不是妈妈一个人决定的。"

爱自己孩子的最好方式是爱孩子的爸爸或妈妈。夫妻关系好的家庭能给孩子提供良好的成长环境，孩子再差也差不到哪里去。问题孩子的背后大多有一个问题家庭。

第五节
敏感期的能力发展与开发

除了语言能力以外,心理学家认为记忆力、观察力、专注力等构成了一般智力的核心特质,这些是人类从事任何活动都应该具备的能力。

一、不要错过孩子的敏感期

有些父母非常重视孩子的能力发展,恨不得让孩子快速习得各种能力。"不让孩子输在起跑线上"的观念不知道让多少父母在育儿的过程中充满了焦虑。

其实,从出生开始,儿童的各种能力就不断地发展,并呈现出一定的规律性。儿童在某个时期相对于其他时期更容易学习某种知识或技能,这个时期被称为敏感期。一旦错过这个敏感期,儿童在学习某些知识或某种技能时就会变得比较困难。

二、孩子语言能力的发展

一岁多的孩子开始说一些词汇来表达自己的需求或想法。孩子开始说一些高频词汇,比如"妈妈""爸爸""奶奶""爷爷"等等。随着时间的推移,孩子开始说一些简单的短语,如"吃饭""要玩"等等。随着词汇量的急剧增长,孩子会经历一个所谓的"词汇爆炸期"。孩子开始快速地学习新词汇，逐渐能进行简单的对话和叙述。三岁以上的孩子语言能力进一步发展，能够使用复杂句来表达更复杂的思想。

有一天，我同事让我看他家孩子的视频，并对我说："刘老师，你看，我家宝宝能说出完整的句子啦！"我一看，一岁多的孩子正用手拿着奶瓶，喊着："爷爷，给我冲奶喝。"这么小的孩子就能说出来这么完整的句子，并不多见。于是我们就一起讨论：为什么他家孩子说话这么早呢？经过一番讨论之后，我们得出这样的结论：孩子的照看者——爷爷，是一个话痨，带孩子的时候，总是有说不完的话，甚至在路上见到车，都要将车牌号给孩子念出来。因为照看者给了孩子丰富的语言刺激，所以孩子的语言能力发展得比较早。

有一次，我在一所学校讲课，谈及以上案例时，一位老师特别认同我们的结论，还给我讲了一个案例。这位老师说，他亲戚家有一个孩子，从小由奶奶带大，而奶奶是一位聋哑人。两岁多的孩子还不会说一句话。想来想去，孩子不会说话估计和奶奶有关，于是他的亲戚就更换了孩子的照看者。有意思的是，自从换了照看者以后，孩子很快就说出来很多话，和其他孩子的语言能力水平没有明显的差异。好在他们及时更换了照看者，否则孩子就有可能错过语言能力发展的黄金时期。

外界的语言环境对孩子来说非常重要。我家孩子小的时候，我们给他看动画片《爱探险的朵拉》，该动画片的对白采用的是汉语中夹杂着英语的形式。没有想到的是，我家孩子在汉语都说得不流畅的时候，有一天竟然蹦出一个英语单词"open（打开）"来。这个英语单词是在《爱探险的朵拉》中经常出现的词。后来我发现我家孩子会说的英语词汇越来越多了。

有一次，我家两岁多的孩子正在玩一些卡片。正好有一个两岁多的孩子想和我家孩子一起玩。我家孩子模仿《爱探险的朵拉》里的台词，用"One,two,three,four（1，2，3，4）"数卡片。那个孩子像看外星人一样看着我家孩子，觉得没有意思，转身就走了。我家孩子还在后面使劲喊："Wait（等等）！Wait！"我在旁边看着，忍不住被我家孩子逗笑了。

三、孩子记忆力的发展

除了语言能力以外，心理学家认为记忆力、观察力、专注力等构成了一般智力的核心特质，这些是人类从事任何活动都应该具备的能力。有些家长只关注孩子的记忆力。诚然，记忆力是人类认知能力的重要组成部分，良好的记忆力不仅能帮助我们更好地学习和工作，还能帮助我们提高日常生活质量。有些家长会逼着年幼的孩子背诵儿歌、唐诗宋词等。我觉得家长这样做的意义不大。我曾经问孩子："'苟不教，性乃迁'是不是指小狗不叫，性乃迁啊？"孩子说："对啊！对啊！"理解是记忆的基础。孩子不容易记住自己没有理解的内容。

四、孩子观察力的发展

其实，除了记忆力以外，还有一些能力比较重要，比如观察力。没有观察，就没有记忆的对象或者说没有记忆的材料。可是，有的父母并没有着重培养孩子的观察力。有的父母特别喜欢用婴儿车推着孩子，无论去哪里，都喜欢让孩子待在婴儿车里。我认为，过度使用婴儿车不利于培养孩子的观察力。因为待在婴儿车里的孩子和大人的视野是不同的，大人观察不到孩子在看什么，也不知道孩子对什么东西感兴趣。待在婴儿车里的孩子不能自己主导想要仔细观察的对象。当父母说"孩子，你看看，这花多漂亮啊！"时，或许在婴儿车里的孩子根本看不到花，只能看到叶子。此外，父母如果过多地使用婴儿车，不抱孩子，就会减少自己与孩子亲密互动的时间。

还有一些婴儿的照看者喜欢扎堆聊天，对他们而言，出家门的目的不是给婴儿找玩伴，而是给自己找聊天的对象。这类照看者喜欢搬个马扎，聚在一起聊天，一聊就是好几个小时。婴儿被扔在婴儿车里，无法全面地观察周围的环境。你如果能抱着孩子四处走动，就能观察到孩子在看什么，对什么感兴趣。你如果发现孩子喜欢什么，就可以做一个讲解员，引导孩子仔细观察。直到孩子观察够了，你再抱着孩子看其他的事物。

我从我家孩子小的时候起就注重培养他的观察力，他的观察力还是不错的。只要是我家孩子走过一遍的路，他几乎都能记住。还有一次，我们全家一起坐车外出赴宴。当车驶入地下车库后，因为我是第一次去那里，所以我不知道该怎么找车位。我家孩子突然说："爸爸，红灯下面的车位都被停上了车，绿灯下面的车位空着。"我一看，还真是这样的，于是我借着这个机会夸我家孩子的观察力强，希望他能继续保持下去。

五、孩子专注力的发展

专注力的重要性不言而喻。父母该怎样培养孩子的专注力呢？

有些父母不注意呵护孩子的专注力，老做一些破坏孩子专注力的事，只要自己觉得有必要，就打断孩子，对孩子说："宝宝，来，喝口水。""宝宝，来，吃水果。"孩子本来正在专心地做事情，却被父母不断地打扰，久而久之，孩子的专注力就会下降。

有的父母过度强调规则的重要性。有的父母认为，只要自己叫孩子吃饭，孩子就得过来。本来孩子正在非常专注地玩积木，对父母说，等一会儿拼完就去吃饭。有些父母就不允许孩子这样做，因为这些父母认为，吃饭是一件非常重要的事情。等孩子长大了，这类父母又会抱怨："为什么别人家的孩子能专注地做事情，甚至废寝忘食，而我们家的孩子怎么就做不到呢？"

第六节
善于发现孩子的优点

> 教师和家长对孩子的积极关注能让孩子爱和尊重的需要得到满足,从而让孩子有更多积极、正面的行为。善教育者能够激发孩子的学习兴趣,培养孩子的积极情感。不善教育者,刻板生硬,极有可能早早地扼杀孩子的学习兴趣。

人本主义心理学家罗杰斯认为,以往的心理治疗流派过于强调心理问题,忽视了人的自主性与积极的一面。无条件积极关注是人本主义心理治疗的原则之一。咨询师对来访者的无条件积极关注将来访者导向关注自身具有的正向的、积极的部分,从而促进来访者的心理康复。这一理念对教育的影响是,教师和家长对孩子的积极关注能让孩子爱和尊重的需要得到满足,从而让孩子有更多积极、正面的行为。

在我家孩子上学后,老师们开始让孩子们写数字和拼音。由于孩子的手部肌肉还没有发育好,因此孩子在刚开始时写得不好。孩子在刚开始学写字的时候,特别需要老师和家长的鼓励。

我们家孩子在刚开始写作业时,折腾了一晚上才将老师留的作业写完。第二天,老师竟然用橡皮擦掉了孩子交上去的作业,要求孩子重写。老师这样做不仅让孩子心里难受,也让我心里难受。我知道老师的这种方式不适合孩子,可我又不知道该怎么处理。我想直接给老师提建议,又怕自己弄巧成拙。于是,我就到班级 QQ 群里看了看,结果发现别的家长也遇到了类似的问题，于是我就在 QQ 群里给大家讲了一个故事：

有一次，我参加一个亲子游活动。在大巴车上，组织者给每个孩子写了姓名贴，并贴在孩子们的胸前。我一看，就忍不住发出了赞叹："哇，这个组织者写的字很漂亮啊！"因为我平时爱练字，所以我就上前和这个组织者攀谈起来了。我对她说："真没有想到，你写的字这么漂亮！"

这个组织者有些羞涩地笑了笑。

我又看了一眼她身边的小女孩，说："这是你家孩子吧。你让你家孩子学硬笔书法了吗？"

没想到，她着急地说："刘老师，您是学心理学的，我正想请教您呢。我家孩子学了一个月硬笔书法就放弃了，再也没有拾起来。我不知道这是怎么一回事。"

我问："每当孩子写完一页字的时候，你一般会怎么和孩子沟通呢？"

她说："我一般会将孩子写得不好的那些字指出来，并且告诉她怎么写。然后，我会让孩子多写几遍。"

我说："哦，难怪你的孩子会放弃呢！我小的时候遇到了一位好老师，他是我的启蒙老师。每当我写完一页字的时候，那位老师就会找出其中写得漂亮的几个字，狠狠地夸奖我一番，然后让我照着这些写得好的字多写几遍。我非常喜欢上他的写字课，多年来一直坚持练字。"

很有意思的是，我在群里讲完这个故事的第二天，我家孩子的作业本上就出现了几个对号。看来我家孩子的老师是一位爱学习的人，很快就知道该怎么处理了。我的孩子很幸运,遇到了一位爱学习、会学习的老师。

教学是一门艺术。善教育者能够激发孩子的学习兴趣,培养孩子的积极情感。不善教育者,刻板生硬,极有可能早早地扼杀孩子的学习兴趣。

作为家长,在陪伴孩子学习的过程中,也需要具备教育的智慧。有一天晚上,我因为辅导一个朋友的孩子,很晚才到家,我家孩子已经睡了。

孩子妈妈向我讲述了孩子写作业的过程。孩子周末的作业不少,他都做得厌倦了,就让他妈妈讲个故事帮助他缓解一下情绪。孩子妈妈就对孩子说:"外星人要攻打地球了。人类只有打开防护罩才能抵挡外星人的攻击。防护罩上的密码就是这些题的答案。你如果能把这些题算出来,就能找到密码,打败外星人,拯救人类。"孩子立马说:"好嘞!"结果没过多久,孩子就写完了作业,并且准确率非常高。

孩子妈妈笑着对我说:"孩子真有意思,你只要换个说法,孩子就学得那么起劲。"其实,我也赞叹孩子妈妈的教育智慧。

第五篇
陪孩子走过小学

觉察寄语

有的孩子小升初的时候学习成绩优异，到了初中却优秀不再。所以，我会说孩子小学的成绩具有一定的迷惑性。原因是什么呢？原因是小学的知识简单直观，孩子或许靠死记硬背就能拿高分。孩子升入初中之后，面临的是思维能力的挑战。孩子虽然掌握了基本的概念，但是不会灵活运用，自然提高不了学习成绩。智慧的家长应该让孩子在小学阶段养成良好的学习习惯。

第一节
该不该让孩子早上学

有的父母认为,让孩子早上学就能赢在起跑线上。真的是这样的吗?我认为,孩子该不该早上学,父母需要根据孩子的具体情况而定。身体发育好、心智成熟、学习能力强、社交能力强、适应能力强的孩子,可以早上学。那种各方面能力都不强的孩子就不应该早上学,他需要更多的成长时间和空间,让他自己在情感、认知和社交等方面的能力更强一些。

我国实行九年义务教育后,儿童的入学年龄是以生理年龄为标准,界定依据是户口簿上登记的出生日期。目前,我国规定小学入学年龄为年满6周岁。有些西方国家的小学入学年龄是5周岁,主要是因为这些国家的文字是由字母构成的,易于辨认和书写。我们国家的汉字相对字母来说,比较难辨认、难书写。因此,我国的小学入学年龄比其他一些国家的小学入学年龄稍晚一些。从儿童的心理发展规律来看,我不建议让孩子提前上学。

因为孩子的预产期是9月初,有的父母为了让孩子早一年上学,就选择在8月31日那天剖宫产。于是,这个8月底出生的孩子必须与年龄比自己大的孩子竞争。在婴幼儿阶段,孩子们之间的年龄差会导致各方面能力的差异,孩子们每天都发生着变化。哪怕孩子们之间的年龄差一天,也可能会有心智水平的差异。如果你家孩子只是一个普通的孩子,智商、情商、身高都比别人家的孩子差一截的话,你就不应该让孩子提前上学。让孩子早上学的结果可能是,孩子无论在哪一方面都比不过别人家的孩子,从入学的那一天开始，孩子就开始积攒自卑的情绪。如果你有一个男孩，那发生这种情况的概率又会高一点，因为男孩普遍比女孩的心智成熟得晚一些。

一位来自农村的母亲，培养了三个考入名牌大学的孩子。记者问这位母亲："你是怎么做到的呢？"这位母亲非常朴实地说："我觉得我的孩子们不是特别聪明的那种孩子，所以我让他们晚一年上学。"晚一年上学和考上名牌大学不见得有因果关系。这位母亲的教育智慧在于懂得慢养自己的孩子，懂得呵护自己的孩子。

当然，如果你家的孩子绝顶聪明，经过评估之后，智商、情商明显比同龄人高出一截，你的确可以考虑让孩子早上学或者跳级。那种各方面能力都不强的孩子，就不应该早上学，他需要更多的成长时间和空间，让他自己在情感、认知和社交等方面的能力更强一些。

第二节
让孩子爱上学习

在小学阶段，父母千万别破坏孩子的学习情感，让孩子爱上学习是父母的首要任务。孩子一旦厌倦学习，就很难再重新爱上学习。治已病不如治未病，不让孩子丧失学习兴趣是底线。

我认为，父母最应该做的事情是培养孩子的学习情感和让孩子养成良好的学习习惯。在孩子学习的过程中，父母不仅要关注孩子浅层次的学习兴趣，还要关注孩子深层次的情绪情感体验。

人生而好奇、求知。我相信孩子是天生爱学习的。孩子小的时候天天问你"妈妈，这是什么？那是什么？"，年龄稍大一些的孩子就不再只问"是什么"了，而是天天缠着你问"为什么"，简直就是"十万个为什么"。

记得我家孩子小的时候，问过我一个特别奇妙的问题，他问我："爸爸，变色龙本来是什么颜色的呢？"我当时就震惊了，这绝对是一个好问题。还有一次，我家孩子把我问蒙了，他问："爸爸，你说，究竟是人的力量大还是地球的引力大？"我说："应该是地球的引力大吧。月亮都绕着地球团团转。"我家孩子接着问："那为什么我手上拿的这个球不往地上掉呢？"我直接沉默了。你能说孩子天生不爱学习吗？反正我不相信。那为什么我们的孩子一天天变得不爱学习了呢？

如果孩子每次写作业时都感觉痛苦，哪个孩子愿意写作业呢？哪个孩子愿意学习呢？如果一个人在做一件事情时总是伴随着愉悦的体验，那他一定喜欢做这件事。如果一个人在做一件事情时总是伴随着痛苦的体验，他怎么会喜欢做这件事呢？孩子更是如此。

我生活在青岛。青岛是一座海滨城市，有长长的海岸线，沿线有不少沙滩。你如果有兴致看看那些在海边陪孩子玩耍的父母，就会发现，那些父母看着自己的孩子，眼中满是爱意，满是欢喜。有哪个孩子不愿意在海边玩耍呢？在家庭中，有的父母在陪伴孩子写作业的时候，眼中流露的是失望和无奈，是恨铁不成钢。就像网上说的，不写作业的时候是亲妈，一写作业就成了后妈。只要不谈学习母慈子孝，一谈学习鸡飞狗跳。如果是你，你愿意写作业吗？

诚然，陪孩子写作业不是一件让人愉悦的事情。一个妈妈说："我刚在医院里做完心脏搭桥的手术。想了又想，我之所以得这个病，都是因为我陪孩子写作业。还是我的命重要，从此以后我就不管孩子的作业了。"另一个妈妈是这样说的："我老公一进小区门，就知道我在不在家陪孩子写作业。只要我在家陪孩子写作业，我就会被气得嗷嗷叫，整栋楼的人都能听见我的咆哮声。"有的妈妈问："我家孩子刚上一年级，什么时候我才不用陪着孩子写作业了？"

父母该如何陪伴孩子写作业呢？我认为，父母在陪孩子写作业的过程中应该遵守以下几个原则：

一、肯定、鼓励孩子为主

我调查过不少陪孩子写作业的家长，尤其是孩子刚上小学一年级的那些家长。我问那些家长："你们是怎么陪孩子写作业的呢？是坐在孩子的旁边，看着孩子写作业吗？"没想到很多家长说自己就是这样做的。我开玩笑地说："你们坐在孩子的旁边，看着孩子写作业，要是能忍住5分钟不说话，我就拜你们为师。"

大家想一想：如果你的领导一直盯着你干活，你能将活干好吗？孩子也是如此。你坐在孩子的身边，又不能保证自己闭嘴，孩子免不了会紧张、焦虑。在这种情况下，孩子还能写好作业吗？

我建议各位家长，在纠正完孩子的坐姿和握笔姿势之后，就不能靠孩子太近了，也不能离孩子太远了。你可以跟孩子说："妈妈就在你旁边，你需要妈妈时，随时都可以叫我。"在离孩子不远处坐着的家长，尽量不要玩手机，可以在旁边看书或者做自己的工作，给孩子做一个好榜样。

在孩子写完作业后，父母要像拿着放大镜一样寻找孩子的进步之处和优点。只要孩子今天比昨天坐得住，只要孩子哪个字写得漂亮，父母就要多肯定孩子。

有的父母就不愿意夸奖、肯定孩子，生怕孩子翘尾巴。殊不知，父母的夸奖和肯定是让孩子进步的法宝。我举一个例子：一个刚过门的儿媳妇给婆婆买了一件新衣服。儿媳妇注意到婆婆没穿过几回那件衣服，可见婆婆不喜欢那件衣服。不同的婆婆会有不同的反应。有的婆婆就会数落儿媳妇："买什么买，买的衣服又不好看，还浪费钱。"面对这样的婆婆，儿媳妇的热情直接就被浇灭了，估计以后儿媳妇不会再考虑给婆婆买衣服了。

也有这样的婆婆，虽然她没穿过几回那件衣服，但是她会说话，见人就夸自己的儿媳妇："我家儿子都长这么大了，从来没有给我买过一件衣服。你看我家儿媳妇，刚过门就知道给我买衣服了。"儿媳妇听在耳朵里，暖在心里，就计划着下次一定给婆婆买一件称心如意的衣服。孩子也是如此。如果父母会夸奖孩子，让孩子在学习的过程中体会到成就感、愉悦感，孩子自然就更愿意学习。批评、指责孩子不会带来好的结果。

有些农村的家长，大字不识几个，却照样能将孩子培养得很好。当然，有的家长虽然学历低，但是他的文化水平并不低。有些学历低的家长不仅不会挑剔孩子，还知道疼爱孩子。父母一边忙家务活，一边看着孩子写作业，还会对孩子说："孩子，别累着，早点休息吧。"孩子反而会说："妈妈，我不累，我还能再写一会儿。"

记得多年前，我在一个小学做公益讲座，讲了上面的那段文字。第二天，一个家长就在我的QQ群里分享，说："刘老师，你说的那些话真的对孩子管用。"我说："怎么啦？"家长说："昨天下午，我听完你的讲座后，一进家门，看到孩子正在写作业。我依照你说的，对孩子说别累着，休息一会儿。我孩子竟然对我说'妈，我不累，我还能再写一会儿'。这是以前从来没有过的事。"是啊，人心都是肉长的！如果你领导不管你的感受，不顾你的死活，你会好好工作吗？如果你领导待你不薄，你定会知恩图报，甚至赴汤蹈火，在所不辞。

有的家长说："我家孩子动不动就搞事情，我怎么可能夸得出来呢？"我想对这类家长说："你需要一双发现孩子点滴进步的眼睛。"我就见过一个特别会夸奖孩子的老师，即使面对一个学习成绩不理想的孩子，他也能找出一个点来夸奖孩子，比如他会对孩子说："某某同学，我发现你最近进步了不少。原来我让你解一道题，你要反应十多秒的时间，最近你只需要反应五秒左右的时间。"

二、指出错误，而非指责孩子

当孩子有偏离学习的行为时，家长应该如何应对呢？一些小学低年级的孩子小动作不断，一会儿成了拆笔专家，一会儿玩玩橡皮，一会儿抓耳挠腮。当孩子有这些偏离学习的行为时，家长要做的是指出错误，而非指责孩子。在现实生活中，有些家长要么打孩子一顿，要么大声训斥孩子一番,这些都是伤害孩子的行为。"被打多了,被骂多了,孩子就会变傻。"这句话是有科学依据的。

如果父母动嘴骂孩子、动手打孩子,孩子就会感受到危险和恐惧。任何一个生命个体在感受到危险时,本能的反应是逃离、迎战或者僵住。逃离或许是我们"70后"小时候使用的一种手段,画面感极强——孩子使劲在前面跑,家长拿着棍子在后面追。现在,我们很少见到这种情景了。有的家长还没打到孩子呢,孩子就离家出走了。

第二种方式是迎战——孩子跟父母锣对锣、鼓对鼓地对着干,跟父母顶嘴,甚至和父母动手。有的孩子不会逃跑,也不会和父母对着干,那就只剩下一条路可以走了,那就是僵住,进入一种呆滞的状态,自动屏蔽父母的打骂。

既然简单、粗暴的打骂孩子是昏招,那么正确回应孩子的方式是什么呢?是指出错误,而非指责孩子。大家仔细辨析一下。"指责"往往是"你"打头的句式或者隐去"你"的句子,比如你朝着孩子大吼一声"干吗呢?!",完整的表达是"你在干吗呢?!"。一声暴喝,孩子被吓得一哆嗦,内心被负面情绪占领,只是嘴上说着"我知道了,下次不会了",其实是"左耳朵进,右耳朵出",并没有多好的效果。

如果你看到孩子有偏离学习的行为时,请你用"指出的句式"。"指出的句式"往往是"我"开头,道出一个客观事实。当我发现我家孩子在写作业的过程中玩橡皮时,我会心平气和地说:"我注意到一个小朋友,他正在玩橡皮。"孩子听到我这样说,就会放下橡皮,继续写作业,他不会因此产生强烈的抵触情绪。父母这样做的目的就是呵护孩子的学习兴趣。一个孩子如果丧失了学习兴趣,就无法提高学习成绩。孩子如果从厌学发展到惧学、拒学,那就积重难返了。

三、不要用错误的方式强化孩子好的行为

其实,在学习的过程中,除了父母的肯定和赞许能强化孩子好的学习行为以外,学习的结果也会强化孩子好的学习行为。也就是说,如果孩子能从学习的过程中体验到学习的快乐,比如克服难题后的愉悦、作文被当成范文诵读的喜悦等,那么好的学习行为就会被强化。

有的父母不懂这个道理,用不恰当的表扬方式,比如物质奖励,破坏孩子的学习兴趣。孩子兴冲冲地拿着成绩单向家长报喜:"爸爸,这是我的成绩单。"爸爸说:"哦,数学100分,语文98分,你考得不错!孩子,好好学习。只要你下次能考双百分,你要什么,爸爸就给你买什么。"孩子说:"真的吗?你可以给我买一辆山地自行车吗?"爸爸说:"没问题!"爸爸这样做就将孩子的学习物质化了,将学习变成了需要物质奖励才想去做的事情,扭曲了学习的目的。

本来孩子在学习的过程中体验到了学习带来的快乐,但自从听了爸爸的承诺之后,孩子转变了自己的学习动机。刚开始,孩子通过努力获得好成绩,得到自己想要的东西,貌似开启了一个不错的良性循环。直到有一天,孩子觉得自己无法完成自己的学习目标时,他就会对爸爸说:"爸爸,我不想要山地自行车了。"言外之意就是孩子放弃了奖励,不想学习了。

久而久之,孩子就不知道学习的价值了,感受不到学习知识本身的快乐了,而是更在意学好之后的物质奖励。物质奖励的作用是有限的。在家庭教育中,父母如果一味地通过物质奖励来促进孩子学习,就容易将孩子对学习的直接兴趣变成孩子为了奖励而学习、为了家长而学习,这是很可悲的。

我认为,多欣赏孩子、多鼓励孩子比物质奖励的效果要好一些。在情景喜剧《家有儿女》中,有一集的内容正好诠释了这个道理。姥姥为了鼓

励孩子们劳动，给每项家务活都设定了具体的奖金。在刚开始时，三个孩子抢着干活，看起来是那么美好。结果没过多久，孩子们就重复干活，多拖了好几回地，多刷了好几次碗……电视剧的内容虽然有些夸张，但是它反映了物质奖励的弊端——物质奖励容易导致孩子向钱看，让孩子觉得自己只要干家务活，父母就得给钱，不利于培养孩子为父母分担家务的责任感。

在另一部电视连续剧《东北一家人》中，有一集的内容生动地诠释了物质奖励是如何置换一个人的兴趣爱好的。这集的主要内容是这样的：

> 邻居马大脑袋特别爱唱歌（"特别爱"反映了这个年轻人对唱歌这件事的直接兴趣），可是，他的歌唱水平实在令人不敢恭维。很多邻居不堪其扰，怎么劝说马大脑袋都不管用。马大脑袋认定自己就是喜欢唱歌，不关其他人的事。
>
> 演员李琦扮演的牛大爷说自己有办法解决这件事。有一天，牛大爷就夸马大脑袋唱歌好听，想付钱给马大脑袋，让马大脑袋给他唱歌。马大脑袋一开始不敢相信，他想不到自己还能通过唱歌赚钱，确认牛大爷不是糊弄自己，于是他唱完歌，接过钱。第二天马大脑袋又开始唱歌，牛大爷说他唱得没有第一天好，就少给了钱。第三天、第四天，马大脑袋拿到的钱越来越少。马大脑袋觉得牛大爷太欺负人了，就给那点钱，还想听自己这样的歌唱家唱歌，他才不唱呢，于是他气呼呼地走了，边走还边想唱，可他马上意识到，不能免费唱给他人听，赶紧捂住自己的嘴。牛大爷见此情景，禁不住哈哈大笑。

这是一个多么鲜活的例子啊！马大脑袋原来那么喜欢唱歌，不管别人怎么看，他就是喜欢唱歌。后来，马大脑袋对唱歌的直接兴趣逐渐被牛大爷置换成了对钱的追求。一旦物质奖励缩水了,马大脑袋就直接放弃唱歌了。在现实生活中,有不少父母也是这样破坏孩子的学习兴趣的。

在培养孩子的过程中,父母胡乱的物质奖励不会助力孩子的成长,有时还会妨碍孩子追求更高的目标。父母要让孩子明白,他应该为了学习本身而努力。

第三节
培养孩子的学习情感

学习情感是孩子在学习的过程中不能忽视的一个重要因素，能显著影响自身的学习效果。如果孩子缺乏这种学习情感，学习就会变成一种被动的行为，学习的效果不佳，甚至可能会引发偏科、厌学等问题。父母要重视培养孩子的学习情感。师生关系、同学关系会影响孩子的学习情感。家长要帮助孩子解决师生问题、同学问题。

一、家长如何与老师沟通

孩子对某科老师的喜欢程度会影响孩子该科的学习成绩。智慧的家长应该尽可能地在孩子心中塑造任课老师的积极形象。"亲其师，信其道。"如果家长经常在孩子面前谈论某个老师的不足之处，那么该老师在孩子心中的地位就会降低，甚至会使孩子讨厌该老师。孩子讨厌某个老师，是孩子学习成绩下滑的一个原因。所以，家长在处理家校矛盾的时候一定要讲究方式方法。

在这里，我给大家讲一个故事，希望广大家长能从中汲取经验。

我曾经参加过一个家庭教育经验交流会。在会上，几位家长介绍了自己教育孩子的经验。其中有一位家长，她的孩子是一个名副其实的学霸，在青岛最好的高中上学，每次考试都是第一名，最终被保送到清华大学。在和这位家长沟通交流之后，我觉得她真的了不起,她自己就好似一本厚厚的书,值得其他家长好好学习。

外人总是羡慕这位家长有这么出色的孩子,可是,她家孩子的成长之路也不是一帆风顺的。这位家长说:"你们不要以为我摸了一手好牌,我家孩子刚上小学一年级没多久就出现了问题。那天我去接孩子放学,看到孩子哭丧着脸。我一问孩子怎么啦,孩子就哭了。原来老师在课堂上提问孩子拼音,孩子没有回答上来,老师在课堂上说孩子笨。看到孩子委屈难过的样子,我心疼不已。我明白,这真的不怪孩子笨。因为孩子在上小学之前从来没有学过拼音,而孩子的同学大多提前学过拼音。"

说到这里,我想问问你:"如果你的孩子遇到这种事,你会怎么处理呢?"我曾经在育儿QQ群里问过这个问题。大致有两种处理方式:一种处理方式的立场是父母站在孩子这边,在孩子面前抱怨老师不应该这样,孩子没有提前学过拼音,当然回答不上来了。有些情绪比较激动的家长还想去校长那里告状。其实,这种抱怨老师的处理方式会强化孩子对学校、对老师的负面感受,增加孩子不去上学的可能性。家长如果越过老师去校长那里告状,很可能会让问题变得更加严重。另一种处理方式的立场是父母站在老师这边,对孩子说:"还是因为你自己学得不够好,你要是能回答上来,老师还会说你笨吗?"孩子在学校里被老师批评,回到家还要被父母责备,两头受气。这样的处理方式会让孩子产生沮丧感,挫伤孩子学习的积极性。

让我们来看看这位家长是怎么做的吧。

在处理完孩子的情绪之后,这位家长找到了孩子的老师,对老师说:"老师,我家孩子那天回家之后情绪不是很好。听说您提问他拼音了,他没有回答上来。非常对不起啊,他耽误了全班的教学进度。"老师一看这位家长的态度很好,也用很好的态度回应这位家长。这位家长说:"老师,我能不能恳求您一件事呢?"老师说:"哦,不用客气,你说吧。"这位家长接着说:"我们家孩子在上小学之前没有学过拼音。最近一个月,能不能请您不要提问我们家孩子有关拼音的问题呢?给我一点儿时间,我帮孩子将拼音补上去。"老师说:"这没问题。"

我们来看看这位家长处理孩子问题的一些原则:第一,将避免孩子受伤害作为首要原则;第二,维护老师的面子;第三,帮孩子解决问题。最终,这位家长帮助孩子很好地解决了拼音的问题。

我还遇到过一个案例:老师误会孩子拿了其他同学的东西,孩子因此受到了精神伤害。于是,这个孩子的家长就一直盯着该老师的不是,不但要求该老师承认错误,还要求上级主管部门处分该老师,并向该老师和学校提出了精神赔偿的要求,要求学校负责将孩子转到其他学校,否则不会善罢甘休。在家长和学校闹的过程中,孩子被忽略了,整天待在家里不去上学,结果这件事情被拖延了两三年后,孩子已经无法回到校园了。更严重的是,孩子在家里待得难受,甚至会用头撞墙。维护、培养孩子的学习情感是父母应尽的责任。

二、关注孩子与同学的关系

父母除了关注孩子的师生关系以外,还要关注另外一种非常重要的关系,那就是孩子与同学的关系。有的孩子就因为自己和同学的关系差而抗拒上学。

我家孩子刚上小学一年级的时候，有一天回来跟我说："爸爸，一些同学在班上传我的笔袋。"

我说："你感到好受吗？"

孩子说："没事。他们就是和我闹着玩呢。"

既然孩子说不要紧，我就没有当回事。

又过了一段时间，有一天，孩子愁容满面地跟我说："爸爸，他们又传我的笔袋。"

我一看，孩子的愁容都写在他脸上了。

我说："他们传你的笔袋，你做了什么呢？"

孩子说："他们传我的笔袋，我就去追他们。刚要追上他们，他们又传给了下一个同学。他们还不断地笑话我。"

我说："你需要爸爸帮忙吗？"

孩子连忙点头说："嗯！"

我转身对孩子的妈妈说："从明天开始，你在孩子的笔袋之外再放一支笔和一块橡皮。"

我接着对孩子说："假设你想搞一个恶作剧，挖了一个坑，并且做好了掩饰工作，很明显，你希望有人掉进这个坑里。结果，你躲在不远处的灌木丛里观察了好多天，也没有见人掉进去。你还会觉得好玩吗？你还会再挖坑吗？"

孩子说："我觉得不好玩，我不会再挖坑了。"

我说："这和传笔袋的道理是一样的。同学们传你的笔袋，就是跟你闹着玩。你要是气急败坏地去追他们，他们会闹得更欢。我已经跟你妈妈说好了，在笔袋之外，给你准备了一支笔和一块橡皮。如果他们再传你的笔袋，你就不用管他们，拿出备用的笔和橡皮，这样你就不会耽误学习了。"

第二天，我去接孩子，孩子一脸兴奋地跟我说："爸爸，你好厉害啊！今天我听你的话，不管他们，他们一会儿就把笔袋还给我了。"

结果，这件事情还没有到此结束。

有一天，孩子回到家告诉我们："今天同学们传我的笔袋，传着传着，我的笔袋就不见了。"我一听，这不行。我立马询问孩子："你想一想是谁第一个传的你的笔袋。"

在孩子告诉我那个孩子的名字后，我第一时间私聊那个孩子的爸爸："某某爸爸，今天我家孩子告诉我，你家孩子在学校里传我家孩子的笔袋。孩子们之间闹着玩不要紧，可是现在我家孩子说他的笔袋不见了。我希望你能跟你家孩子说说，以后别再这样做了。"

那个孩子的爸爸先给我赔礼道歉，然后说自己会好好管教自己的孩子。

后来，我转念一想，我这样做只能改变一个孩子。于是我又联系了孩子的班主任。我跟班主任说："老师，我不止一次地听孩子说，他班上的几个同学喜欢传别人的笔袋。今天我孩子说那几个同学传他的笔袋，到现在为止我家孩子都没有找到自己的笔袋。"

过了一阵子，我突然想起这件事，于是问孩子："和和，现在还有人传你的笔袋吗？"

孩子高声说："怎么可能有呢?！我们班主任那天非常严厉地强调了传笔袋的事，现在再也没有人传笔袋了。"

第四节
塑造孩子的行为习惯

千万不要被"不用管，孩子还小，长大就好了"这句话迷惑。孩子行为习惯塑造的关键期主要是幼儿园和小学阶段。等孩子到了青春期，父母再想塑造孩子的行为习惯就太难了，因为父母对青春期孩子的影响力变小了。

孩子行为习惯塑造的关键期主要是幼儿园阶段和小学阶段，因为在这两个阶段，孩子非常依恋父母，父母对孩子具有一定的影响力。千万不要被"不用管，孩子还小，长大就好了"这句话迷惑。假设你家里有两个孩子，老大正处在青春期，老二刚上幼儿园。周末你对孩子们说："孩子们，今天晚上我带着你们俩去李阿姨家里吃饭，好不好？"老二想都不想就会跟你去，老大极有可能对你说："你们去吧，我想自己一个人待在家里。"大多数孩子一进入青春期，就寻求独立，总是将自己当作成人，更愿意和同龄人在一起，不愿意和父母在一起。

父母在帮助孩子塑造行为习惯时，一定要将各种行为进行分类。针对不同行为习惯的塑造，父母应该遵循不一样的原则，千万不要用简单、粗暴、单一的方式应对所有的情形。我倾向于将行为习惯分成三类：好的行为习惯、节制性行为习惯和底线行为习惯。

一、好的行为习惯

父母应该帮助孩子塑造好的行为习惯。只要好的行为习惯增多，坏的行为习惯就减少了。有礼貌是相对于没有礼貌而言的，父母与其关注孩子没礼貌的行为，还不如多肯定孩子有礼貌的行为。磨蹭是相对于利索而言的，父母与其关注孩子做事情磨蹭，还不如强化孩子做事情利索的行为。

在现实生活中，有的父母没有育儿方面的觉察，仅凭着自己的直觉或者经验教育孩子，缺少科学、专业的育儿知识。

你如果去过海洋世界，就可能会发现，驯兽师在训练海豚时会在腰上挂一个篓子，篓子里有海豚喜欢吃的小鱼、小虾之类的食物。

大家猜一猜：驯兽师会在什么时候将小鱼、小虾喂给海豚呢？一般会在海豚表现好的时候或者会在表演完成的时候。拿海豚和我们的孩子做比较，是海豚更聪明还是我们的孩子更聪明呢？答案是显而易见的，肯定是我们的孩子更聪明。越低等的动物越不好训练。人类和动物的语言是不相通的，驯兽师之所以能让海豚听话，是因为他用了科学的训练方法。

在现实生活中，有的家长在养育孩子时不会使用科学的育儿方法。当孩子表现好的时候，有的家长认为这是孩子应该做到的，因而不表扬孩子。当孩子没有做到或者表现不好的时候，有的家长就像《大话西游》里的唐僧一样"碎碎念"。这些家长这样做怎么能帮助孩子养成好的行为习惯呢？

在帮助孩子养成好的行为习惯的过程中，家长必须遵循两个原则：一是"看好不看坏"，二是"顺坡下驴"。所谓的"看好"，是指家长只要发现孩子有好的行为习惯，就给予及时强化。所谓的"不看坏"，是指当孩子还没有出现好的行为习惯时，家长不要给孩子贴标签，唠叨孩子，选择忽略就好，否则在好的行为习惯还没有养成之前，孩子就已经心生厌倦了。如果你想让孩子早点养成独立阅读的习惯，那么在孩子还没有出现独立阅读的行为之前，你千万别唠叨孩子，不要对孩子说"我跟你说了多少遍，让你多看书，你就是不看，学习成绩不好，我看你将来怎么办"之类的话。父母无休止的唠叨只会让孩子产生负面的情绪体验，最终离阅读越来越远。

所谓的"顺坡下驴",是指父母创造条件让"下驴"这件事变得简单。你如果想让孩子养成好的行为习惯,就需要创造条件促使好的行为出现。

我家孩子开始独立阅读的时间稍晚一些。在孩子有独立阅读的行为之前,我和孩子妈妈管住了自己的嘴,不给孩子贴标签,也不唠叨孩子,而是天天陪着孩子一起读书。有一天,孩子妈妈对我说:"你能不能将书橱腾空几格啊?"

我这个人爱书如命,非常警觉地问孩子妈妈:"你想要干什么啊?"

孩子妈妈说:"孩子如果想看书,却够不着,就得让我们给他取下来,孩子就不容易养成独立看书的习惯。我的想法是,在和孩子差不多高的那几层书架上摆上孩子的书,便于孩子自己取书。"我怎么就没有想到这些呢?

受孩子妈妈的启发,我立刻跑到文具店里,买了五组书立。当时老板还开玩笑地问我是不是想批发。我说:"不是,我用得着。"回到家之后,我就在床头柜、书桌、餐桌、电视柜、茶几上都摆上了孩子的书,并用书立固定。自从我这样做之后,孩子独自看书的次数明显增多了。

有一回,我看孩子自己随手拿了一本书,正翻看着。我立刻逮住这个可以强化孩子好习惯的机会,扭头就对孩子妈妈说:"你看,孩子正在看书呢,我逮住一只小书虫。"孩子听到这句话以后,又多看了一会儿书。就这样,我只要看见孩子主动看书,就狠狠地夸孩子一顿。孩子渐渐养成了自己看书的习惯。

二、节制性行为习惯

什么是节制性行为呢?节制性行为是指介于好的行为和底线行为之间的行为,谈不上好,也说不上坏。针对这样的行为,我们不能放纵,要节制。

电视、电脑、手机、游戏机等被统称为电子产品。孩子沉迷于电子产品，会影响身心的健康发展。父母该如何控制孩子玩电子产品的行为呢？

（一）父母要搞清楚控制孩子的目标

父母如果没有搞清楚控制孩子的目标，就无法讨论一些原则性的问题。既然身处这个时代的孩子注定离不开电子产品，父母就应该让孩子学会控制使用电子产品。我认为，现在所有的管都是为了今后的不管，现在所有的教都是为了今后的不教。

在孩子小的时候，父母就控制好孩子玩电子产品的行为，将来就不用太担心孩子沉迷于电子产品。在孩子小的时候，如果父母没有控制好孩子玩电子产品的行为，那么等孩子到了青春期，父母就更难控制孩子的行为。因为青春期的孩子会和父母抗争，这种抗争会让父母手足无措。我常常说："与天斗，与地斗，千万别跟孩子斗，斗来斗去输家都是父母。"到了青春期，有些孩子为了达到自己的目的，甚至会以死相逼。等到了这种地步，父母在处理孩子的问题时就基本无解了。

我认为，控制孩子玩电子产品的理想目标是，孩子"拿得起""放得下""拎得清"。"拿得起"是指在约定的时间范围内，孩子可以自由地玩电子产品。"放得下"是指一到了约定的时间，孩子就能及时地放下电子产品。"拎得清"是指孩子平时玩电子产品，一到关键的时间节点，比如中考或高考冲刺期间，就选择不玩电子产品。

（二）父母需要走出的误区

第一个误区：父母由着孩子的性子来，一高兴就给孩子买手机

父母如果还没有控制好孩子玩电子产品的行为，就给孩子买一部手机，那不是自讨苦吃吗？如果孩子玩父母的手机，当父母要用手机的时候，父母至少容易要回来。当孩子拥有属于自己的手机时，如果父母想要拿走孩

子的手机，孩子就有可能和父母拼命。

一位父亲，他是某企业的高管人员，因为自己孩子五年级上学期的期末考试考得特别好，所以他一高兴就给孩子买了一部手机。在寒假里，这位父亲和他的妻子都很忙，没有顾得上孩子。结果，一整个寒假，孩子只顾着玩手机，手机不离手，已经完全放不下手机了。寒假结束后，孩子三天两头请假，躲在家里玩手机。一天，这位父亲下班回来，一进门，他妻子就使了一个眼色，意思很明白，孩子又待在家里用手机玩游戏呢。这位父亲气得一把推开孩子的房间门，伸出手，指着孩子呵斥道："你给我放下手机！"

孩子一点不留情面地回了这位父亲一句："你给我滚！"

这位父亲气得手都发抖了，上前一步，挥拳作势，准备揍孩子。

孩子接着又来了一句："你不滚，是吧，你不滚，我滚！"

这位父亲的手臂垂下来了，他默默地退出了孩子的房间。我问这位父亲："你为什么选择退出呢？"这位父亲说："我怕孩子离家出走，真要闹出个好歹，我不敢想后果。"

我们可以从这个案例中得到这样的启示：如果父母由着孩子的性子来，最终事情可能会发展到无法收拾的地步。我极少看到孩子能完全戒掉网瘾的。有的家长实在没有办法了，就把孩子送到戒网瘾的学校。我先不说这样做的效果好不好，就先说说这样做对亲子关系的影响。据我了解，目前市面上大部分戒网瘾的学校采取的是行为主义疗法，就是给孩子极其糟糕、痛苦的体验。接受治疗的孩子会将自己对学校的恨转移到家长的身上，他有可能会因此怨恨家长一辈子。

第二个误区：坚决不让孩子玩电子产品

父母坚决不让孩子玩电子产品，这几乎是不可能的事情。在孩子小的时候，父母尚能控制住孩子不玩电子产品，等孩子上了大学之后，父母还能控制住孩子吗？离开了父母，孩子还能做到自我节制，不玩电子产品吗？这几乎是不可能的，最有可能的结果是孩子过度沉迷于电子产品。

在疫情期间，我接到一通电话，电话那头的一位女士还没说话，就先哭了。原来，她家孩子在我工作的大学上学。这位妈妈接到学校辅导员的电话，大体意思是说在过去的两年时间内，她家孩子挂科太多了，如果这学期她家孩子继续挂科，那她就要做好将孩子领回家的准备。我们学校管这种情况叫作学籍预警。

这位妈妈一听辅导员这样说，瞬间就慌了，赶紧问辅导员具体是怎么回事。辅导员说，孩子成天窝在宿舍里上网打游戏，不去上课，自然就挂科了。这位妈妈一直认为自己的孩子是从市里最好的高中考上大学的，孩子怎么都能混个大学文凭吧，她怎么都不会想到如今的这种结果。这位妈妈赶紧给孩子打电话，一起商量解决挂科的事情。一言不合，孩子就将妈妈的所有联系方式都拉入黑名单了。这位妈妈一下子就傻眼了，想去学校里找孩子，然而，这在疫情期间是不可能的事情。这位妈妈不知道从哪里获得了我的联系方式，想让我帮着处理这件事情，可是我也被封控在家，没有任何办法。情急之下，这位妈妈又哭了起来。

我问这位妈妈："在孩子上大学之前，你们是怎么控制孩子玩电子产品的呢？有相关的规则吗？"这位妈妈说："在孩子上大学之前，我从来不让孩子玩手机。"哎！我只能长叹一声，无言以对。

第三个误区：在"放纵"和"严控"之间摇摆

有的家长一高兴就给孩子买了一部手机。有的家长一不高兴，就像网上说的那样对待孩子："天将降大任于是人也，必先卸其QQ，封其微博，删其游戏，去其贴吧，收其电脑，夺其手机，摔其ipad（平板电脑），断其Wi-Fi（无线网络），剪其网线……"这类家长就在"放纵"和"严控"之间摇摆。

如果家长在控制孩子玩电子产品的过程中，没有遵守固定的规则，总是在"放纵"和"严控"之间摇摆，那是一件非常危险的事情。孩子没有确定感，总是惦记着电子产品。即使家长不让孩子玩电子产品，孩子也不一定能专心地看书。有的孩子还会绞尽脑汁、想方设法地跟父母耍心眼，以便获得玩电子产品的机会。

不确定感会让人心神不宁、坐卧不安。失去孩子信息的父母会深深地体会到那种不确定感——不确定孩子是否还活着，不确定孩子活得好不好。那种不确定感让父母寝食难安，心痛不已。

有一年我在中国海洋大学给老师们讲课。课间休息的时候，一位中年男老师来到我面前，他打开手机上的一张图片问我："刘老师，麻烦您帮我判断一下我家孩子还活在这个世界上吗。"我立刻感到非常难受，也因为我的课程给他带来了痛苦的回忆而感到愧疚。我平复完自己的情绪之后问他："你家孩子怎么啦？"

他说："我家孩子上大一的时候，留下这封遗书，从此杳无音信。我和孩子妈妈都是老师，每年寒暑假什么事都不干，满世界地寻找孩子。"

这就是"不确定"带来的痛苦。如果有确定的结论，貌似还能减轻人们的痛苦，而杳无音信则让人们有无尽的牵挂。

人生本无常，父母就不要给孩子增加不确定感了。父母在"放纵"和"严控"之间摇摆真的会带来严重的后果吗？你还别不信，我就遇到过这样的案例。

那年冬天，我接到了一通电话。电话那头的一位妈妈对我说："我们家孩子因为玩手机的事，差点出大事了。"

从她接下来的叙述中，我得知，她家住在青岛薛家岛附近，他们让孩子上了一所私立初中，这所私立初中离他们家较远。为了方便孩子上学，他们就在学校附近租了一套房子，周一到周五住在租的房子里，周末回薛家岛的家。一切都是按部就班、有条不紊的。

唯一让这位妈妈不满意的是孩子总是不遵守约定的玩平板电脑的时间。每次到了约定的时间点，孩子总是说："快玩完了，再让我玩一会儿吧。"于是这位妈妈就跟孩子耍心眼，她将平板电脑藏在了某个隐秘的角落里。

孩子放学回到家，要玩平板电脑（简称平板）的时候，对妈妈说："妈妈，我要玩一会儿平板。"

这位妈妈不动声色地说："玩吧。"

孩子说："我找不到平板了，妈妈。你知道平板在哪里吗？"

这位妈妈接着说："我也不知道啊！你再好好找找。"

这位妈妈就这样糊弄孩子，给孩子制造了不确定感。

没过几天，事情就被闹大了。那天是青岛入冬以来最冷的一天，路上结着冰，天上下着雪。这位妈妈去学校接孩子，竟然没有接到孩子。这位妈妈打电话问老师，老师说她家孩子已经离校了。这位妈妈又打电话问孩子的同班同学，同学们也都说没看见她家孩子。于是，大家放下手头的事情，帮着这位妈妈一起找孩子，找了好久，都没有孩子的任何消息。没办法，这位妈妈选择了报警。

警察查看了学校周围的监控，发现孩子没有在学校门口等妈妈，而是径直沿着大路走了。连续看了几段监控视频之后，警察判断孩子在往薛家岛那个方向走。于是，警察带着这位妈妈往薛家岛的方向搜寻，终于在离学校好几千米处找到了孩子。

事后，这位妈妈询问孩子原因，孩子说他想去薛家岛的那个家里找平板。好在这个孩子有惊无险。

既然父母在"放纵"和"严控"之间摇摆不是正确的应对之道，那么什么才是正确的应对之道呢？温柔地坚持。所谓"温柔"，就是父母在商定规则和执行规则的过程中尽量不引发亲子冲突。所谓"坚持"，就是父母不会因为任何事情而放弃规则。

有一天，一位妈妈打电话向我求助，说孩子平板不离手，就连睡觉时也要把平板放在身边，吃饭时也拿着平板。只要这位妈妈将平板从孩子的手中夺过来，孩子就会跟妈妈拼命。总之，谁都别想从孩子的手中拿走平板。

我说："你家孩子这么不好商量吗？你最起码要让孩子在睡觉之前交出平板吧。毕竟孩子的健康才是最重要的。千万别让孩子熬夜玩平板。"

这位妈妈说："不行！孩子会跟我们发脾气的。"

我说："这肯定需要一个过程。孩子现在这样，和你们脱不了干系。"

这位妈妈说:"我觉得这和孩子爸爸有关系。有一次,孩子爸爸让孩子在睡前交出平板,承诺第二天再将平板还给孩子,结果第二天孩子爸爸没有将平板还给孩子。后来孩子找到机会拿到平板以后,谁都拿不走他的平板了。"

想让孩子遵守约定好的规则,父母首先要遵守约定。

有的家长跟我抱怨:"我和孩子已经约定好,周一到周五孩子不能玩电子产品,周六、周日孩子各有一个小时玩电子产品的时间。孩子却总是不遵守约定。我该怎么办呢?"

孩子不遵守约定的情况具有普遍性。因为有些孩子还没有树立良好的规则意识。在实施规则的过程中,有的父母过于情绪化,首先破坏了规则,导致孩子不再遵守规则。如果孩子总是不遵守规则,父母就要及时关注孩子,并且给予合理的引导。在这里,我来分享一下我自己的经历吧。

我家孩子小的时候,我每天允许孩子玩20分钟的电子产品。那个时候孩子连时间都不认识,我和孩子妈妈也不可能一直陪着孩子玩。有时候我们俩去忙别的,转过头来,发现早就过了约定好的时间。有一次,我实在受不了了,就对孩子说:"孩子啊,你什么时候不再需要我们给你盯着时间了?当我们批评你时,我们会感到难受。如果你超时了,我们不批评你,我们就会感到不舒服……"说着说着,我好像受到了某种启发——有没有一种办法,不用我们再盯着时间呢?可以让孩子自己设置一个倒计时。于是,我就跟孩子说:"下次玩游戏之前,你先设置一个倒计时。这样我们就不用担心超时的问题了。"

孩子说："爸爸，我打开平板，并没有开始玩游戏，离开始玩游戏还有一段时间呢。"

我说："那我再多给你5分钟的时间，够不够？你一打开平板，就设置倒计时25分钟。"

自从优化细则之后，我们家平安无事了好长一段时间。那时候孩子小，只要闹铃一响，孩子自己就会说："我这就关掉。"如果孩子不说，有时我还没注意到。在孩子说完这句话之后，我就会观察孩子是否拖延得太久。只要孩子开始收尾，哪怕他耽搁了几分钟，我也不会跟他太计较。

有时我们提醒孩子，孩子就说"快了！快了！"，却不见他关闭平板，我们需要提醒他多次。所以我又和孩子商量细则，跟孩子强调事不过三。如果我三次催促孩子，孩子都装作没听见一样，继续玩平板，我就会立刻关掉平板。每一次的规则细化都会换来较长时间的和谐亲子关系。

有一次，闹铃响了之后，孩子嘴上说着马上关掉平板，可就是迟迟不行动。于是我提醒孩子一次，依旧不见孩子行动。我又催了孩子一次，还是不见孩子行动。到了第三次，我的语气就加重了不少，我对孩子说："我告诉你，这可是我第三次提醒你了，你要是不关掉，那就我来关。"孩子见我生气了，立马就关掉了平板。孩子关掉了平板之后，他的情绪明显不好了。孩子没有像之前那样立刻去写作业。孩子在情绪不好时是无法专心写作业的。于是我就问孩子："我们约定好的规则施行不是一天两天了，我今天并没怎么批评你，就是说你的声音大了一些，你怎么看起来那么不开心呢？"孩子哭丧着脸说："刚才快要吃鸡（在游戏中取得第一名）了。"我乐了，原来孩子是因为这个啊！

我说:"难怪你那么不开心,你好不容易有希望吃鸡了,我却让你关掉了,你肯定不开心。你看这样行吗?如果你下次再遇到这种情况,你就可以跟我申请继续玩下去。不过,我有一个条件——你这次延长了多少时间,下次就得扣掉多少时间。"孩子满口答应。

孩子玩游戏的水平一般,吃鸡的时候不多,所以我们基本上提醒孩子几次,孩子就关掉平板了,我们和孩子一直相安无事。

有一次,我遇到了孩子申请加时间的情况。铃声一响,孩子立马申请继续玩下去。我负责计时,结果孩子延长了二十分钟才结束游戏。一看就知道,孩子玩得非常尽兴,游戏结束后他还非常激动地和我分享。

我对孩子说:"我特别好奇你明天怎么用五分钟的时间玩游戏。"

刚开始,孩子还没有反应过来。

我接着说:"我们俩之前不是有过约定吗?你今天延长了多少游戏时间,明天你就得扣除多少游戏时间。你今天延长了二十分钟,那么明天你只剩下五分钟的游戏时间了。所以我问你明天怎么用五分钟的时间玩游戏。"

孩子有点尴尬地说:"确实没法玩,开机一分钟,关机一分钟,我就没时间玩游戏了。"

我对孩子说:"既然你不能用五分钟的时间玩游戏,我建议你将这五分钟的时间挪到后天,后天你可以玩三十分钟,明天你就不要玩了。"

孩子欣然应允。

我讲了这么多，就是想告诉大家：关于孩子玩电子产品的问题，父母只能见招拆招，让孩子慢慢地养成遵守规则的习惯，以及具备一定的自我约束能力。

三、底线行为习惯

最后，关于底线行为，父母应该遵循的原则是强力遏制，甚至可以适度惩罚。如果孩子有触及底线的行为习惯，父母就要及时、严厉地禁止孩子。

记得我家孩子刚上一年级的时候，放学以后他在他妈妈工作的图书馆里写作业。下班后，我们一家三口在学校门口相遇。孩子妈妈一见到我就跟我说："在辅导孩子写作业时，我说了一些重话，孩子动手打我了。"孩子妈妈考虑这事发生在图书馆里，不便当场发作。我一听，这还了得，于是，我决定一回到家就收拾孩子。

到了家门口，或许孩子有预感，他死活不进门。我非常严厉地对孩子说："你进不进去？你要是不进去，我就拖你进去。"

等孩子进家后，我非常严肃地警告他："今天我就把话放在这里，无论今后发生什么事，你都不能打父母，这是我们家的家规。你要是再打你妈妈，我就收拾你。"

或许是因为孩子从来没有见过我发那么大的脾气，此后他再也没有出现过打父母的行为。

第六篇
陪孩子走过青春期

6

觉察寄语

　　繁重的学习压力、青春期的躁动不安，对孩子来说是不小的挑战。父母该如何面对青春期的孩子呢？既然孩子都发生变化了，父母也应该做出改变，持续学习，适度调整，否则父母就会发现，一些原来对孩子有用的家教方法变得不再对孩子有用了。青春期的孩子没有那么可怕，可怕的是一些父母明明知道孩子已经发生了变化，却依然用原来的老方法对待孩子。

第一节
青春期与自我概念

> 青春期往往是一个人性格形成的关键时期。如果孩子在青春期形成了积极的自我认同,那他就会自信地度过一生。如果孩子承受了太多负面、消极的评价,那他就容易形成自卑的性格。

大部分小学阶段的孩子只知道玩,所有的精神能量都指向外在的世界,很少关注自身的状态。到了青春期,孩子将一部分精神能量转向自己,开始关心"我是怎样的一个人?""别人眼里的我是什么样的?""怎样才能赢得周围人的喜欢?"等问题。为了多了解自己,有些青春期的孩子开始关心星座、血型、属相等方面的研究分析。同时,青春期的孩子也特别在意别人对他的评价。外界的评价和看法成为青春期孩子认识自我的重要参考。青春期的孩子渴望得到外界的正面评价,渴望维持良好的自我形象。

青春期孩子的父母一定要注意自己的言行,尤其是评价孩子方面的言行。青春期的孩子不喜欢别人叫他的小名,尤其是他的小名显得特别幼稚或者特别难听的时候。如果父母没有注意到这些,还像小时候那样在外面喊孩子的小名,孩子可能会非常不乐意,甚至会勃然大怒。

我的一位朋友的女儿,在一所著名的初中上学,学习成绩在班上名列前茅。可是不知道为什么,快要到中考的时候,这个女孩的学习成绩突然从班上前三名掉到二十名左右。于是我的这位朋友就找我帮忙，想搞清楚孩子学习成绩下降的原因。我和这个女孩沟通一番之后才明白问题所在。这个女孩进入青春期之后，开始在意自己的外貌和身材了。以前这个女孩的妈妈喜欢和这个女孩说一些玩笑话，喜欢喊这个女孩"小胖嫚（青岛话，胖女孩）"。以前，这个女孩毫不在意妈妈喊她"小胖嫚"，可是到了青春期，听到妈妈喊自己"小胖嫚"，她就觉得自己真的太胖了。于是，这个女孩就背着她妈妈买减肥药，可是她在服用减肥药之后，不仅体重没有减下来，月经周期还发生了紊乱，身心疲惫。担心、焦虑、不安导致这个女孩无心学习，学习成绩迅速下滑。

从这个案例中，我们可以看到，青春期的孩子非常在意别人对自己的看法。青春期孩子的父母一定不要肆意贬低孩子，因为一旦孩子内化了负面的评价，就容易形成自卑的性格。

有一个已经进入社会工作的小伙子来找我咨询。这个小伙子自述自己在与他人交往时会感到紧张，有时紧张得手心出汗，严重地影响了自己的工作和生活。尤其是最近，亲朋好友忙着给他介绍对象，他更感到紧张了，从来不敢答应，搞得周围的人越来越觉得他是一个很奇怪的人。

后来这个小伙子的一句话让我发现了他的问题所在。他问："刘老师，你是不是觉得我很丑？"我打量了一下他，他长得真的不丑，不知道为什么他会觉得自己丑。他对自己外貌的焦虑究竟来自哪里呢？

这个小伙子对我说，他父亲长得非常帅，他哥哥的长相随他的父亲，也是非常帅气的。从小他就经常听到周围的人夸他哥哥长得好看，那时候他不是很在意。他父亲有时候会开玩笑地对他说："你看你，长得一点都不像我们家的人。"

长大之后，这个小伙子就开始在意他父亲的那句玩笑话了。看看镜子里的自己，再看看父亲和哥哥，他觉得自己长得不好看，并将这种评价内化了。从那之后，他出门总是躲着别人的目光，怕别人注意自己，手心总是因为紧张而出汗。发展到现在，他每次都尽可能地拖到太阳落山以后再回家。我问他为什么这样做。他说，有一次他和父亲、哥哥在太阳底下走路，他觉得自己的影子也比父亲、哥哥的影子丑。久而久之，他就不想看到自己的影子了。

所以，青春期孩子的父母一定要谨言慎行，不要让孩子给自己贴上不好的标签，不要让孩子形成消极的自我认同，不要影响孩子身心的健康发展。

第二节
家是孩子的港湾

> 在孩子遇到困难时，如果家不能给孩子很好的支持，孩子就容易采取一些极端的解决方式，最终可能会酿成悲剧。

我一直认为家应该是孩子的港湾。家应该是一个美好又温暖的地方，家应该是孩子累了可以停靠、休憩的地方，家应该是孩子在遇到困难时可以得到支持的地方，家中的每个人都能活出最真实的自我，做到自我接纳。

有的孩子在填报高考志愿的时候，他之所以会觉得大学离家越远越好，就是因为家没有给他温暖的感觉。有的孩子之所以离家出走，就是因为家里没有让他留恋的美好。

如果家不能给予孩子很好的支持，孩子在遇到困难时就容易寻求一些非常态的外力支持。如果孩子与一些不良少年为伍，将来的人生路就会变得非常坎坷。

有一位妈妈找到我，她对我说，她现在非常担心自己十三岁的女儿。她女儿整天不上学，与一些不三不四的孩子一起逛街，出入KTV等场所。可就在一年前，她女儿还考到了级部第九名。为什么她女儿在这么短的时间内就发生了这么大的变化呢？

她女儿在她的劝说下，终于答应来见我，可是我一眼就看出来她女儿有很强的抵触心理。不过在咨询的过程中，她女儿逐渐信任我了。

她女儿对我说："那件事距今已有256天。"我惊讶于这个孩子对一件事的记忆之深。我想，她女儿之所以对那件事记忆深刻，或许是因为特别的伤痛。她女儿接着对我说："请原谅我，我做不到将事情的全部经过都告诉你。当我将那件事告诉我父母的时候，他们并不是很在意。最后没有办法，我找了学校里最坏的一帮孩子帮我摆平了那件事，我觉得和他们在一起，我活得更真实，他们更讲义气。"

青春期的孩子更容易认同同龄群体的价值观。如果青春期的孩子与一帮坏孩子在一起，父母就很难将青春期的孩子拉回来。在那件事（事后得知她遭遇了校园霸凌）发生之后，这个女孩曾经向父母寻求帮助，父母却没有给她实质性的帮助。有的父母只关心孩子的衣食住行，却总是忽略孩子的情绪感受。有时候父母不经意间的一次忽略，就让孩子走上了崎岖的人生路。

有位家长曾经向我请教："我家孩子有一天跟我说，他们班上某某同学真讨厌。那天他在写作业时，那个同学一把抽走了他的书，然后拿着书转身就跑了。我就对孩子说'孩子，你傻啊，你就让他抢吗？你不会抢回来吗？'，结果孩子说，他再也不想和我说这种事了。孩子向我说过两回类似这样的事情，每回孩子都说他再也不想和我说这种事了。我真怕孩子以后不愿意给我说学校的事了。刘老师，你说我到底错在哪里了呢？为什么孩子会这样说呢？"

我说："孩子在学校里被别人捉弄了，他是不是很生气呢？

孩子给你说这件事，他希望获得什么呢？我觉得孩子希望获得你的安慰和支持。可你是怎么做的呢？你不但没有理解、安慰孩子，还责备孩子，说孩子傻。只要你孩子是一个正常的人，他就真的不愿意和你说学校里的事了。"

在以上案例中，如果妈妈对孩子说"哦，这个同学怎么能这样对你呢？他这样对你，你是不是感觉特别生气呢？"，孩子一定会觉得妈妈理解自己。这个时候妈妈接着说："你觉得妈妈能帮你做些什么呢？"孩子可能会说："你不用做什么。我就是和你说说，我知道应该怎么办了。"如果孩子需要妈妈的帮助，他可能会说："妈，你觉得我应该怎么做呢？"如果妈妈给予孩子情感上的支持，孩子的不良情绪就能得到缓解，孩子就愿意和妈妈说说心里话。

如果父母不能给孩子很好的支持，那么孩子在遇到困难时就容易采取一些极端的解决方式，最终可能会酿成悲剧。

如果父母在平时多给孩子一些支持，和孩子一起解决问题，那么孩子在遇到极端事件时就不会用极端的方式。

第三节
为什么孩子会放弃学习呢

> 孩子放弃学习的背后是他实在对学习提不起兴趣，他体会不到学习的乐趣，他体会到的是失败感、挫折感，甚至屈辱感。

放弃学习的孩子一般会有一些前兆，会有一些躯体化的反应，比如他会说自己肚子疼、头疼等，骗取家长的同情，以便在家休病假。家长带着孩子上医院检查后，检查结果显示孩子一切正常。孩子依然坚持说自己肚子疼、头疼，进而发展到长时间不上学。

孩子放弃学习的背后是他实在对学习提不起兴趣，他体会不到学习的乐趣，他体会到的是失败感、挫折感，甚至屈辱感。如果一个人在做一件事的时候，伴随的都是消极感受的话，他要是能表现出喜欢的情绪，那才是不正常的。

其实，没有人生来就讨厌学习。我认为，人生来就是爱学习的。大部分孩子在小的时候特别喜欢问"为什么"，对未知的世界充满了好奇。那我们的孩子究竟是怎样变得不爱学习的呢？

我觉得某些家长应该负一部分责任。不信，你可以去看看这些家长是如何陪孩子写作业的。这些家长在陪孩子写作业的过程中充当了监工的角色，他们的脸拉得长长的，他们的言语中充满了讽刺和挖苦。孩子在这种环境中写作业，写作业的效率怎么会高呢？孩子怎么会喜欢上学习呢？

有些文化水平不高的家长，却能培养出有出息的孩子，这是什么原因呢？原因之一是这类家长虽然自身的文化水平不高，但是非常尊重文化知识，不仅不会对孩子的学习指手画脚，还会时不时地用爱怜的眼光看着自己的孩子。孩子写作业的环境是温馨的、安全的。在这种环境中学习、成长的孩子，大多有非常好的学习体验。有的家长只会用眼睛盯着孩子的学习成绩，破坏孩子的学习兴趣。学习成绩和学习兴趣，孰轻孰重呢？一个不喜欢学习的孩子能将学习成绩搞好的概率是很小的。

在我小的时候，我的父母常对我说："孩子，父母就这点本事，供你上学很不容易。学不学得好，就靠你自己。当然了，如果你学习好，能考上大学，父母就算砸锅卖铁也要供你上。"这些话没有给我施加多少压力，却唤醒了我的内驱力，给了我期待。有的父母经常对孩子说："我供你吃，供你穿，你怎么好意思考这么差的成绩呢？"这些话会让孩子觉得自己是为了父母学习的，给孩子施加了很多的压力。

孩子不爱学习的原因是多方面的，家长要从教育方法、家庭环境、亲子沟通等多个方面进行综合考虑和调整。家长要为孩子营造轻松的学习环境，关心孩子的心理健康，想尽办法激发孩子的学习兴趣，消除孩子厌学的情绪。

第四节
卷在中考

> 处在剧场中的你,既可以选择不断地垫高自己,以便看到更大的屏幕,也可以选择从容应对。如果你不断地垫高自己,也不能改善自己的视觉效果,那你还不如选择一个惬意、舒适的姿势,或许还能等到接下来更精彩的剧目。

山东是高考大省,每年的高考人数都备受关注。其实,山东省的中考同样是竞争激烈的,大部分地区的普高升学率在50%~70%。有人说如今的教育内卷是卷在中考,家长生怕自己的孩子掉在职高的队伍中。

家长们之所以对职高避之唯恐不及,大多是因为他们受到了社会舆论、文化观念、职高的办学水平等因素的影响。

从社会舆论方面来说,有些家长认为,孩子只有通过高考,考上好的大学才算学业有成,而有些上职高的孩子和大学渐行渐远。

从文化观念方面来说,有些家长认同"劳心者治人,劳力者治于人"的观念。从现代社会的发展来看,一些企业对学历的要求比较高。有些职业学校毕业的学生职业不稳定、收入偏低、没有节假日等,进一步导致了大众对职高缺乏信心。在这种大环境中,哪个家长想让孩子上职高呢?

从职高的办学水平来看,一些职高的办学水平较差。一般情况下,职高招收的学生普遍是学习成绩不够好、学习习惯较差的。生源差是职高的办学水平较差的一个因素。有些职高老师为了留住学生,不敢严厉地管教学生,学生们抽烟、喝酒、打架斗殴等,学风、校风都很差。在这种环境中,孩子们怎么可能会好好学习呢?

当朋友让我谈谈如何缓解中考家长们的焦虑时,我觉得有点困难,因为社会舆论和文化观念引发的深层焦虑在短期内几乎无解。我唯一可以对这些家长说的是"纵然世界不变,我们可以改变自己"。

疫情之后,全球经济一片萧条,就业形势比较严峻。孩子即使考上了"985""211"之类的高校,也不一定会找到理想的工作,未必前途一片光明。一方面是大学生就业越来越难,另一方面是一些家长为了让孩子考上大学,拼命地卷孩子,甚至让孩子卷出了心理疾病。我觉得家长与其拼命地卷孩子,还不如思考该如何让孩子好好地活下去。

因为我们现在处在这个时代的转型期,太多的不确定让一些人产生了焦虑的情绪,失去了理性思考的能力。人在江湖,身不由己。我们既然身处这样的时代,保持头脑清醒就显得尤为重要。虽然我们改变不了教育内卷的现状,但是我们可以控制自己多大程度的卷入。我们该如何在教育内卷的时代保持理性呢?需要压上自己的全部身家吗?我认为,与其焦虑内卷,不如思考:我们应该培养一个什么样的孩子,才能应对时代的风云变幻呢?纵观古今,一个抗压能力强、会做人、有见识的人更容易在时代的浪潮中屹立不倒。

人有上智下愚,家有富贵贫贱。父母应该看清孩子和自己的家庭实力,选择一条适合自己孩子的路。有的孩子天生适合学科学习,有的孩子天生不适合学科学习,有的孩子能考上顶尖的学校,有的孩子只能上普通的学校。这些都不意味着那些不适合学科学习、上普通学校的孩子将来所取得的成就低。对于那些不适合学科学习、上普通学校的孩子来说,选择好自己的赛道很重要。家长与其疯狂地内卷孩子,不如尽早为孩子找一条适合他的路。

第五节
离家出走的背后

> 我认为,如果父母能给孩子营造一种良好的家庭氛围,孩子就有能力抵抗外面世界的各种诱惑。

人们常用"金窝银窝不如自家的狗窝"来说明,无论外面的环境多么优越,都比不上自己的家。可在现实生活中,为什么总是有一些孩子义无反顾地离家出走呢?这些孩子的父母应该想一想:家有没有给孩子带来美好的感受呢?

父母怕女孩走错情感路,怕男孩走错人生路。其实,我认为,孩子能否抵制外面的诸多诱惑,在很大程度上取决于父母能否给孩子营造一种良好的家庭氛围。如果一个孩子终日沉迷于网络游戏,期待自己在网络游戏中获得存在感、价值感、成就感,家长就要反思自己是否对孩子抱有太高的期望,很少肯定、鼓励孩子。如果一个孩子终日沉迷于网络交友,家长就要反思自己是否忽略了孩子人际交往的心理需求。如果一个女孩抵制不了一个坏男孩的诱惑,家长就要反思自己是否给女孩的爱太少了,才让女孩像飞蛾扑火般地去寻找"真爱"。如果一个男孩选择离家出走,家长就要反思自己是否让男孩感受到了家的温暖。为什么孩子宁愿在外面挨饿受冻也不愿意回家呢?

曾经有一个女大学生,在临近毕业的时候,竟然和认识不久的男友私奔了,她选择离家千里去寻找所谓的爱情。后来,我通过调查得知,这个女生出生在一个重男轻女的家庭中,她的父母把所有的爱都给了她弟弟,很少关心她,她在家里感受不到父母的爱。在现实生活中,如果有一个男孩关心这个缺少爱的女生,哪怕只是一般的关心,她也容易误以为这个男孩对她有意。这种女生容易冲动地爱上一个男人,也容易被分手,因为这种女生没有得到父母的关爱,缺少和异性相处的经验,不知道该怎么和异性相处。

人们常说:"富养女孩,穷养小子。"家长切记,富养女孩,不能单纯地在物质方面富养,还应该在情感方面富养。被爱滋养长大的女孩,不容易被爱情迷惑,在被他人抛弃的时候,不会自暴自弃,更不会舍弃自己的生命。

第六节
孩子学习成绩好的背后

学习最忌盲目，否则最终劳而无获。万物皆有法，学习亦然。家长如果知晓学习的规律，了解好成绩背后的影响因素，就能有条不紊、有的放矢地帮助孩子取得理想的学习成绩。

有一年，我带着两个研究生去"项目校"推进项目。我和该校的15名学生一一进行访谈。访谈的内容大体被分为两个方面：一方面是评估学生们当下的学习状态；另一方面是干预，见招拆招，和学生们一起分析问题、解决问题。后来，我针对这些学生写了分析反馈。应校方领导的要求，我预测了哪些学生最有可能考上"清北"。通过分析这些学生之前的考试成绩和这次访谈的情况，我列出了6个学生的名字。

后来，学校按照我提供的这张6人名单，反馈给我高考成绩。第一名考了692分，第二名考了690分，第三名考了686分，第四名考了685分……前四名学生的高考成绩排名跟我的预测相符，后两名学生的高考成绩排名跟我的预测有一点不相符，那是因为一些没有被访谈的学生作为"黑马"挤进来了。

不少人问我："你是如何做到准确预测的？"其实不难，我泡在教育领域二十多年，追踪研究了这批孩子三年，掌握了大量的数据。预测并不是科学研究的终极目标，科学研究的终极目标是控制，也就是达到掌控的目的。

无论是预测还是掌控，其根本是学习的底层逻辑，也就是影响学习成绩的因素。如果我们能干预这些影响因素，那就意味着我们可以达到掌控学习的目的。我认为，直接影响学习的因素有学习能力、学习情感、学习习惯和学习方法，间接影响学习的因素有学习的内驱力和学习背后的人格品质。

一、学习能力

智力水平是影响学习的一个重要因素。我曾给"项目校"的实验班学生和普通班学生做过瑞文标准推理智力测验。从测验的结果来看，实验班学生的平均智商显著高于普通班学生的平均智商。从这个角度来看，一个人的智力水平会影响其学习成绩。有意思的是，我将实验班学生的某次考试成绩与瑞文标准推理智力测验成绩做相关性分析，结果发现这两者的相关性并不显著。也就是说，在一定的智力水平之上，智力因素在学习中并不起主导作用，反而是非智力因素在起关键作用。

学习成绩排名第一的这名学生在瑞文标准推理智力测验中的成绩偏低。于是我对这名学生进行了个案追踪。这名学生是一个女孩。我分别访谈了这个学生的班主任和母亲。这个学生的家庭情况一般，父亲是船员，母亲是全职妈妈，他们有一个温馨和睦的家庭。从父母的学历水平来看，该学生确实不占优势。这个学生的物理老师，也是这个学生的班主任，他对我说，从物理课上的表现来看，这个学生肯定不如班上那几个男生的思维能力强，但这个学生的突出特点是执行力强，能将老师布置的任务全部执行到位。这个追踪结果给我们的启示是要端正孩子的学习态度。有的孩子会在学习的过程中采取糊弄的态度，仅仅追求作业的完成，从来不考虑自己是否真正掌握了知识，学习成绩自然是不理想的。家长从孩子小的时候起就要求孩子端正学习态度，否则孩子一旦养成了不端正的学习态度，就会习惯成自然。

在日常生活中，只要孩子没有明显的智力不足，家长就应该重点关注孩子非智力因素的培养，比如学习态度、学习习惯等。

我们常说的基本能力包含专注力、观察力、记忆力、思维力和想象力。以我多年的经验来看，专注力直接影响一个人的学业表现。我常说，真正的学霸霸占课堂。为什么这么说呢？因为专注力强的孩子能认真听课，跟着老师的思路走，积极回答老师的问题，容易得到老师的关注。所以，父母一定要注意培养孩子的专注力。如果多名任课老师都反映孩子不专心听课，那么父母就一定要重视起来。如果父母错过了干预孩子的关键期，孩子就会错失太多，后果很严重。

二、学习情感

第二个影响学习的因素是学习情感。我倾向于将学习兴趣、心理与情绪状态都归类为学习情感。在小学低年级阶段，教育的重心在于培养孩子的学习兴趣，不能扼杀孩子的学习兴趣。一个孩子如果失去了学习兴趣，那是一件非常可怕的事情。我不相信哪个孩子是天生不爱学习的，都是后天因素影响的结果。有的孩子随着年龄的增长，开始出现厌学、惧学和拒学等问题。学习成绩不好的孩子容易丧失学习兴趣，出现厌学等问题。惧学或拒学不是学习成绩不好的孩子的专属问题。有些学习成绩非常好的孩子也会出现惧学或拒学的问题，其背后是心理问题或情绪问题。

在心理咨询师眼里，孩子的心理或情绪有问题是大事。在一些父母眼里，孩子的心理或情绪有问题不是什么大问题。孩子能吃能喝能睡，怎么就不能去上学呢？我给大家举两个例子来说明一下。

青岛电台有一档名为《父母学堂》的节目，开播了好多年。记得在《父母学堂》开播十周年的特别节目中，我听到了一位优秀的母亲在节目现场讲述的故事。即使这件事已经过去很多年了，我也依然印象深刻。这位优秀的母亲是某区法院少年审判庭的庭长，她是这样说的：

> 我们庭涉及青少年的案子以离婚案居多，一些父母会因为孩子的归属问题而争执不下。一般情况下，法庭会综合考虑父母双方的各项条件，最终决定将孩子判给哪一方。如果孩子年满8周岁，法院就不能单方面裁决，需要让孩子出庭，征询孩子的意见。那个孩子已经满10周岁了，于是法官在法庭上征询孩子的意见，问孩子："如果父母离异，你究竟选择跟哪一方？"……
>
> 第二天一早，妈妈去叫孩子起床，打开门一看，孩子在一夜之间就出现了大面积掉头发的问题。妈妈没有想到，离异这件事竟然会对孩子造成这么大的影响。据说后来孩子的父母没有离婚。

我再给大家讲一个故事：

> 我们学校曾经有个孩子在校外澡堂洗澡，在返校途中横穿马路时遭遇车祸，当场就去世了。于是，校方通知孩子的家长赶来处理后事。我的一个同事全程陪同这位家长处理后事，第一天结束后，我的那个同事就将这位家长送到宾馆入住，以便第二天一早接着处理后事。我的那个同事说，他目睹了什么叫"一夜白头"。头天晚上这位家长还是一头黑发，第二天一早这位家长的头发就白了一大半。我的那个同事说，他好长时间都没有缓过劲来。

这两个故事非常直观地呈现了重大创伤性事件对个体造成的伤害，这种伤害通过肉眼可见的躯体化症状表现出来。人们能看到这种伤害，自然就容易理解受伤害的个体。因为绝大部分孩子的心理问题没有躯体化症状，所以父母看不见这种伤害，自然就不容易理解孩子所受到的心理伤害。父母的不理解会加剧孩子的心理问题，甚至有可能酿成悲剧。

身体上的疾病常常会有直观的症状，比如发热、头疼、咳嗽、口腔溃疡等，而心理问题往往具有隐蔽性，不容易被发现，这就需要家长识别孩子释放的信号，并且给予孩子理解、安慰和支持。

当孩子有心理问题时，家长一定要注意以下几点：

（一）不要讳疾忌医

如果孩子有头疼、发热、咳嗽等身体症状，家长就会立即带孩子去医院。如果孩子有心理问题，有的家长就认为孩子是没事找事，装病，不愿意带孩子去医院。有的家长还会将心理疾病和精神疾病画等号，存在认知偏见，不愿意接受孩子患有心理疾病的现实。其实，大可不必如此。家长既然能坦然面对孩子患有生理疾病的现实，为什么就不能坦然面对孩子患有心理疾病的现实呢？如果孩子有心理疾病，家长最好早发现、早干预，不要耽误孩子治疗，避免造成更严重的后果。

（二）一定要遵医嘱，别自以为是

孩子被诊断为重度抑郁，医生建议药物治疗结合心理咨询，而家长生怕孩子对药物产生依赖性或者害怕药物伤害孩子的大脑，就直接禁止孩子服用药物。有的家长觉得药物的副作用大，不遵医嘱，擅自停药或者断断续续地吃药。有些人能接受自己终身服用降压药的现实，却接受不了孩子吃治疗抑郁症的药。如果某种治疗抑郁症的药物副作用大，确实不适合孩子的体质，家长就可以要求医生酌情调整药量或者更换药物。家长切记遵医嘱，不能擅自给孩子停药。

（三）做好长程心理咨询的准备

心理问题不是感冒发烧，不是一针扎下去，人们就能恢复正常。没有做好长程心理咨询的准备，家长就容易中断心理咨询，这对孩子的治疗起到负面的作用。有的家长一点都不想让孩子耽误学习，恨不得今天带孩子去咨询，明天孩子就能去上学。

三、学习习惯

第三个影响学习的因素是学习习惯。毫无疑问，学习习惯是一个关键性的影响因素。有的孩子养成了阅读的习惯，每天都会抽时间阅读。有的孩子一看书就头疼，完全不喜欢阅读，没有养成阅读的习惯。一个爱阅读的人，可以在书中活出几辈子、不一样的人生，可以借助书看到不一样的世界。我常开玩笑地说，你如果看了《红楼梦》，至少就能知道古代大户人家是怎么过日子的，了解人性的光辉与阴暗。爱阅读的人一定差不了。爱阅读的人可以用有限的一生去体验无限的世界。

四、学习方法

第四个影响学习的因素是学习方法。从事学习心理辅导二十多年，我最想说的一句话是，成绩好的学生都是相似的，成绩不好的学生各有各的原因。成绩好的学生都是会学习的，都有一套相对成熟的学习方法。

就拿一个非常简单的学习行为——背诵英语单词来看，不同的学生有不一样的方法。有的学生只用眼睛看着单词，不动手也不动嘴，他这样做怎么会记住单词呢？有的学生在背单词时只动嘴，从来不动笔。不动笔就相当于看书学游泳，记得慢，忘得快。有的学生每次都从头开始背诵某本单词书，无差别对待所有的单词，没有区分会或不会的单词，没有合理分配时间，导致背诵的时间不够，结果是，以前会的单词，现在依然会背；以前不会的单词，现在依然不会背。我觉得有效背单词的方式应该遵循查缺补漏的原则，眼睛、嘴巴、手并用。

我在评估高三学生的英语成绩时会让其带一本高中英语第四册的书。此时高三的学生已经学完了所有的教材。我会随机抽取英语词汇表中的词汇来评估学生的词汇保持率，然后将保持率乘以总分，大体就是这个学生平时的考试成绩。我的这个评估需要具备一个条件：评估对象必须是能考到100分以上的学生。因为评估对象的学习成绩越差，我评估的误差就越大；评估对象的学习成绩越好，我评估的误差就越小。

2019年的寒假，一个高三的孩子过来找我咨询。经过评估，他的词汇保持率大概是80%，我就问他平时的英语成绩是不是在120分上下，他很惊讶地看着我。他说，自从升入高三以来，他的英语成绩一直在120分上下浮动，130分成了他的天花板。他觉得我太神了。

我接着对他说："你的词汇量不足以支撑你考高分，当下你务必先将词汇量提上来。"

他有点疑惑地说："我就还有不到半年的时间，难道你还让我背单词吗？"

我说："你不背单词，那你打算做什么呢？"

他说："我打算刷题。"

我说："过去一年，你刷题的效果如何呢？"

他说："不咋地。"

我说："既然刷题的效果不理想，为什么你还不考虑换个方法呢？"

他说："可是时间太紧张了。"

我说:"我觉得你领会错我的意思了。你是不是觉得单词太多,背诵时间不够啊?其实不是这样的。如果刚才的评估结果具有准确性,那就说明你只有20%的词汇还没有掌握。英语高考大纲要求考生掌握的词汇量为3500左右,将3500和20%相乘,你就只有700个单词还没有掌握。如果你每天背50个单词,你算算需要多少天背完这700个单词呢?"

他说:"14天。"

我说:"现在正是寒假期间,你难道抽不出来14天吗?不怕同学是学霸,就怕学霸过寒暑假。你就是学霸,正好利用这个寒假突击一下啊!至于你其他方面的弱点,我们需要找到有针对性的办法。"

咨询的结果是非常理想的。他的高考英语成绩是145分,高考总分是696分。

我举这个例子就是想告诉大家:凡事皆有法,学习亦然。

五、内驱力

第五个影响学习的因素是内驱力。什么是内驱力呢?内驱力是一种内部动力,是在需要的基础上产生的一种内部唤醒状态或紧张状态,表现为推动有机体活动以达到满足需要的内部动力。内驱力与动机密切相关。

(一)需要产生动力

人们饿了会去找吃的,饥不择食可以看出其动力之强。危险来了,人们知道逃离危险,寻找安身之所,慌不择路可见其求生欲望之强。至于人往高处走,水往低处流,那都是天经地义的事。

马斯洛将人的需要分为五个层次，分别是生理需要、安全需要、爱和归属需要、尊重需要、自我实现需要。生于物资匮乏年代的人们，学习的动力来自一句口号——知识改变命运。随着我国国力的强盛，人民生活水平的提高，年轻一代的孩子们，衣食无忧，其动力自然不会源自生理需要。一个超级没有安全感、缺爱的孩子，时时刻刻都想看到妈妈，一旦看不见妈妈就魂不守舍，自然无法专心学习。安全感缺失的程度不一样，影响孩子学习的程度也是不一样的。此时，阻碍个体发展的反而是未被满足的安全需要、爱和归属需要、尊重需要、自我实现需要。

马斯洛的需求层次理论揭示了人类在满足基本需求后会追求更高层次的需求，体现了人类需求的递进性。在深入了解马斯洛的需求层次理论的基础上，家长要关注孩子的需求层次和个体差异，为孩子营造安全、和谐的家庭环境，培养孩子的社交能力和合作精神，尊重孩子的个性与差异，激发孩子自我实现的潜能。

（二）内生动力

有的家长问："该如何提高孩子学习的内驱力呢？"貌似有了方法后，家长按照方法去做，就能提高孩子学习的内驱力，然后就可以高枕无忧了。哪有那么容易啊！十年树木，百年树人。教育从来都不是一蹴而就的，而是一个长期的过程。

我认为，学习的内驱力包含以下三个核心要素：胜任力、成就感、自主性。

1. 胜任力

"胜任力"这个概念最早是由哈佛大学教授戴维·麦克利兰于1973年正式提出的，它是指能将某一工作中有卓越成就者与普通者区分开来的个人的深层次特征，它可以是动机、特质、自我形象、态度或价值观、某领域知识、认知或行为技能等任何可以被可靠测量或计数的并且能显著区分优秀与一般绩效的个体特征。我们将这个概念延伸到学习，那就是指能显著区分优秀与一般能力的特征。

我们很少看到一个学习成绩非常不理想的孩子有比较强的内驱力。一而再、再而三遭受挫败还能拼命学习的人少之又少。抛开胜任力去谈内驱力，那是不现实的。不具备胜任力的孩子能够做到咬牙不放弃，就已经是非常不错的了。在竞争如此激烈的环境中，学不好的孩子哪有继续学习的勇气和动力呢？

好在多元智力理论给了孩子们新的希望。学习成绩不理想的孩子，可以发展其他的能力。有的孩子虽然学习成绩不理想，但是人际交往的能力强，将来也能在社会上找到自己的一席之地。

2. 成就感

成就感是指一个人做完一件事情或者在做一件事情时，为自己所做的事情感到愉快或有一种成功的感受，即愿望与现实达到平衡而产生的一种心理感受。

一个人有胜任力不一定有成就感，就像一个人很聪明但不愿意学习，就不会有愉悦感和成功感。

有的孩子努力学习，学习成绩也不错，但没有达到父母的期望，他的父母因此批评、指责、否定他，他在学习的过程中就体会不到愉悦感和成功感，何来学习的劲头呢？也就是说，内驱力不是凭空产生的，它要伴随着一定的积极体验。

3. 自主性

自主性是指行为主体按自己意愿行事的动机、能力或特性。"按自己意愿行事"包括自由表达意志、独立做决定、自行推进行动的进程等。

自主性学习是就学习的内在品质而言的，不同于"被动性学习""机械性学习""他主性学习"。自主性学习实际就是元认知监控的学习，是学习者能够根据自己的学习能力、学习任务的要求，积极主动地调整自己的学习策略和努力程度的过程。

从定义上来看，自主性是内驱力的核心要素。自主性与控制型父母的教育理念是相悖的，也就是说，如果父母控制孩子，孩子就不会产生内生动力。我并不是说父母不应该管孩子，而是强调"现在的管是为了今后的不管"。在孩子小的时候，父母需要管。在适当的时候，父母要学会放手。"他控"下的孩子难以产生内驱力。

在这里，我想请你觉察一下：你是否阻碍了孩子内驱力的发展？不愿意欣赏、肯定孩子的父母，给不了孩子成就感。控制型的父母容易挫伤孩子的自主性。至于孩子的胜任力，一部分由先天遗传因素决定，另一部分受后天因素影响。培养孩子的内驱力不是一蹴而就的事，而是一个需要父母长期坚持的过程。

（三）良好的亲子关系

我向来强调关系胜于教育。"亲其师信其道"生动、直观地诠释了关系胜于教育的道理。当孩子喜欢某位老师时，这位老师说的话就容易入孩子的心和脑，孩子该门功课的成绩大概率差不了。如果一个孩子讨厌某位老师，那么孩子该门功课的成绩大概率好不了。师生关系如此，亲子关系亦然。

有人调侃："别人家的孩子都是来报恩的，我家的孩子是来复仇的。"报恩也罢，复仇也罢，背后一定要有恩仇可报。

最容易与孩子结仇的是专制型的父母。专制型的父母会给孩子设定很多的规则，要求孩子严格遵守这些规则，很少向孩子解释为什么必须遵守这些规则，并且经常使用惩罚、强制策略来逼迫孩子顺从。专制型的父母期望孩子将他们的话奉为金科玉律，尊重他们的权威。

在当下教育内卷的大环境中，"鸡娃"的父母一不小心就会成为专制型的父母。专制型的父母对孩子的要求特别高，又不会顾及孩子的情绪和感受。在如此高压之下，孩子缺乏情绪宣泄的出口，无法排解不良情绪。最终，孩子不在沉默中爆发，就在沉默中死亡。那些在沉默中爆发的孩子倾向于诉诸行动，做出一些出格的行为，比如对抗父母、离家出走、沉迷于电子产品等。那些在沉默中死亡的孩子产生了各种心理问题，比如抑郁、焦虑等。

总之，亲子关系好的孩子容易产生学习的内驱力，成为一个人格健全、身心健康、各方面表现优异的人。

六、学习背后的人格品质

第六个影响学习的因素是人格品质。自我感、自制力、意志力和适应力这四大品质会影响孩子的学习成绩，乃至影响孩子未来的成就。

（一）自我感

自我感包含自尊、自信、自我效能感等。没皮没脸（没自尊）的孩子最难教育，因为这种孩子丧失了自我感，没有了努力的方向。一个有自尊的个体，出于维护自尊的需要也会努力做好自己。"树活一张皮，人活一张脸。"这句话说的就是自尊的重要性。

自我效能感是指人们对自身能否利用所拥有的技能去完成某项工作行为的自信程度。自我效能感高则意味着一个生命个体对自己完成某件事非常有自信。自我效能感的获得是以成功体验为基础的。如果父母一直打压、批评、指责孩子，孩子就难以获得成功的体验，自然就无法获得自我效能感。

（二）自制力

什么是自制力呢？自制力是指个人控制和调节自己思想感情、举止行为的能力。自制力强的人既善于激励自己勇敢地去执行决定，又善于抑制那些不符合既定目的的愿望、动机、行为和情绪。一个人如果想要做成什么事，就要朝着目标不断地努力。在不断努力的过程中，人们从来不缺诱惑与干扰，而自制力强的人能够抵制诱惑，排除干扰，并且坚持不懈。

延迟满足实验是心理学研究中的一个经典实验，这个实验用于分析孩子承受延迟满足的能力。所谓的延迟满足，就是一个人能够等待自己需要的东西，而不是想到什么就要什么。这个实验证实了抵制诱惑、自我节制的重要性。那些能够为获得更多的糖果而等待得更久的孩子要比那些缺乏耐心的孩子更容易获得成功。那些不能抵制糖果诱惑的孩子成年后也不容易抵制生活中的诱惑，他们吸毒、酗酒、赌博等成瘾行为的发生率明显高于那些能够抵制糖果诱惑的孩子。

（三）意志力

什么是意志力呢？意志力是心理学上的一个概念，它是指一个人自觉地确定目的，并根据目的来支配、调节自己的行动，克服各种困难，从而实现目的的品质。人起心动念容易，难在心动带来行动。如何成为一个意志力强的人呢？我们可以在福格行为模型中找到答案。福格行为模型是由美国行为科学家福格博士提出的，它是指行为的发生需要动机、能力和提示三大要素同时发挥作用。当动机、能力和提示同时出现的时候，行为就会发生。动机是欲望，能力是执行能力，而提示是提醒，三者缺一不可。

动机被分为外在动机和内在动机两种。由外部力量和外部环境激发而来的动机，被称为外在动机。由个体内在需要引起的行为动机，被称为内在动机。任何一个人的行为都不是内在动机或外在动机单独起作用的结果，而是两者相互作用的结果。

动机强确实能强化一个人的行为，然而，福格并没有特别强调动机。因为在日常生活中，大部分行为的动机不会太强，只有在特殊情境下某一动机才会特别强，比如狗急跳墙、夺路而逃。大部分人存在的情况是心动，却不见行动。

福格博士认为，人们应该在能力、提示方面下功夫。以微信朋友圈为例，拍照和上传的便捷性促使人们分享日常生活的行为增加。在这里，福格博士说的能力不是传统意义上的能力，而是指行为实现的可能性。提示也是促使行为出现的条件之一，比如人们将需要带的物品放在门口，在出门时就不容易忘记，这就是提示的效应。人们可以借助闹钟提示自己做某件事。提示能促使行为的出现。

行为之后的奖励也是维持一个行为的必要条件。习惯成自然，关键是要养成一个行为习惯。一个人完成一次行为不能算是厉害的，能够坚持下去才是最厉害的。于是，行为达成之后的自我奖励、外在奖励就显得尤为重要。一个人如果能长期坚持某个行为，就能形成习惯。

（四）适应力

适应力是指个体适应各种环境，不受外在的干扰，从而能够专心学习的能力。适应各种环境的本质是适应各种人际关系。对一个学生来说，他需要适应的两个主要环境是家庭环境和学校环境，与之相对应的是，他需要在家适应亲子关系，在学校适应师生关系和同学关系。

关系胜于教育。如果亲子关系不好，父母对孩子的影响力就低，有的孩子甚至会直接攻击父母。此时，不要说孩子学习的事情了，单是孩子的情绪或者行为问题就够父母头疼了。

师生关系同样会影响孩子，其重要性不言而喻。亲其师信其道，"不亲其师则背道而驰"。如果师生关系不良，则学校教育不能对孩子发挥作用，孩子就会远离学习。

人是社会性动物，每个人都难以脱离他人和社会而存在。被排挤、冷落、霸凌的孩子怎么可能会专心学习呢？父母需要时刻关注孩子的情绪状态，一旦发现孩子的情绪不对，就需要及时处理。最怕有些父母只关心孩子的学习成绩，不关心孩子的心理健康。

第七篇
陪孩子走过高中

7

觉察寄语

　　凡是过往，皆为序章。高中生面临着来自学校、家庭、社会等多方面的压力。课业繁重、考试频繁、竞争激烈等因素导致高中生的学业压力大。除此之外，有的高中生还会因为个人目标、父母期望等因素感受到非常大的心理压力。该如何帮助孩子适应高中生活呢？该如何缓解孩子的学业压力呢？该如何帮助孩子填报高考志愿呢？努力和选择缺一不可。

第一节
如何帮助孩子适应高一的学习生活

父母该如何帮助孩子适应高一的学习生活呢？我觉得高一孩子的不适应主要表现在不适应高中学习、不适应高中生活方面。新的学科内容、作业量的增加、课堂教学方式的改变、学习习惯的调整、自我定位带来的焦虑可能是高一孩子学习不适应的主要原因。

以青岛的二中、五十八中为例，这两所高中的孩子在初中时都是学习成绩非常好的孩子，有些孩子常年霸榜班级前五，甚至级部前五。高一上学期期中考试的成绩一出来，总会有孩子排在几百名之外。那些习惯名列前茅的孩子，该如何面对自己级部排几百名的成绩呢？

抑郁源于丧失。一些重点高中的孩子之所以抑郁，就是因为丧失了优势地位。有的明星在巅峰时期跌落，很快就抑郁了。所以，有些学者带着调侃的口吻说，抑郁是优秀者的"专利"。

有些父母和孩子即使已经做好了心理准备，可是在期中考试的成绩公布后，也依然难以面对不理想的考试成绩。我们不怕孩子一次考不好，最怕的是孩子努力了很久都换不来自己能接受的名次。一些孩子陷入强烈的自我否定的怪圈，甚至有习得性无助的表现。孩子如果选择"躺平"，就很难再追赶上来。最终，有些顶尖高中孩子的高考成绩只过了本科线，这是一个不可思议的现象。从常理来看，能考上顶尖高中的孩子，学习能力肯定不会差。那么为什么这些孩子会出现这种情况呢？我觉得这些孩子不是因为他们的学习能力凭空消失了，而是因为他们的心态崩了。该如何帮助这些孩子调整心态呢？

一、转变孩子的关注点

父母要想办法转变孩子的心态，不要让孩子将自己的关注点放在和他人比名次上，而应该让孩子将自己的关注点放在对知识点的掌握上。掌握为实，排名为虚。如果孩子能将知识点掌握扎实，比如90%的掌握率，那就相当于他能考135分。如果一个高中生任何一门课的成绩都在135分以上，那么他的名次肯定不会太差。不要一味地追求名次，名次都是相对的，不是绝对的。

二、调整学习方式

缺乏自主学习能力的孩子很难适应高中的学习生活。一些孩子在初中时接受的是"保姆式的教育"——对于一些背诵较多的学科，初中老师会将知识点整理好，学生只需要按照老师整理好的知识点背诵就行。那些严重依赖老师的孩子，离开了"保姆式的初中教育"，直接傻眼了，无法适应自主程度较高的高中生活。解决之道在于让孩子拥有一套科学的自主学习方法。

会学习的孩子不会以老师的要求作为唯一标准，而是以掌握知识点为目的。有些孩子只背老师要求背诵的单词，不要求背诵的就不背诵。这种孩子高度依赖老师，如果他能遇到一个要求严格的老师，他的学习成绩会不错；如果他遇到了一个要求宽松的老师，他的学习成绩可能会不理想。

三、积极适应高中生活

有的孩子无法适应高中的寄宿制生活，就选择不住校。那些受过分离创伤的孩子就容易在住校时感到非常痛苦。

有的孩子无法适应高中的作息时间。有些高中要求孩子们早上 5 点 30 分起床，晚上 10 点 30 分熄灯睡觉，作息时间安排得非常紧凑。有些高一新生因此叫苦连天。

有的孩子不能与室友友好相处。好几个孩子一起住在一个宿舍里，作息习惯、性格等方面的不一致必然会引发冲突。孩子如果被孤立，就会产生负面情绪。

一些过于严厉的老师也会给孩子带来压力，有的孩子就会因为老师太严厉而崩溃。在孩子上高中之前，父母要及时发现并疏导孩子的不良情绪。孩子上了高中之后，就要学着自己处理负面情绪。那些没有被排解的负面情绪容易让孩子产生心理问题。

适应高中生活不是一蹴而就的事情，孩子需要付出时间和精力，调整自己的心态，找到适合自己的学习方法，设定可以达成的目标，积极适应集体生活，找到属于自己的成长节奏。

第二节
高度依赖教师型学习者

一个优秀的学习者，不应该高度依赖教师。

多年前，亲戚家两个年龄相仿的孩子，恰巧分在某私立初中的同一个班，前来找我评估。当我看完他们俩的学科成绩时，我有点诧异。他们俩的英语成绩都在110分以上，但他们俩其他科目的成绩并不算理想。经过询问，我了解到，他们俩的英语老师教学能力特别强，所教班级的英语成绩在全市名列前茅。

没有想到的是，一段时间之后，他们俩的英语老师得到了提拔，教学任务因此减少了。英语老师只教自己当班主任的那个班，不再教他们俩所在的班。这俩孩子的英语成绩立马就降下来了。我将这种孩子称为高度依赖教师型学习者。教师让做什么，这种孩子就做什么，执行到位，学习成绩自然错不了。然而，教师水平是不一样的。如果这种孩子遇到教学能力强、管理严格的老师，他的学习成绩就会好。如果这种孩子遇到教学能力不强的老师，他的学习成绩就会不理想。普遍的现象是高中老师不会像初中老师那样管学生。上了高中之后，这种孩子的学习成绩大多以肉眼可见的速度急剧下滑，随之而来的就是各种心理问题。

有一个高一的女生来找我咨询，这个女生自高一开学以来，每考一次，排名就下滑一次，她因此郁郁寡欢，甚至要求妈妈在学校附近租房陪读。我简单评估了一下这个女生，我发现这个女生是一个典型的高度依赖教师型学习者。中考时，这个女生在英语满分120分的情况下考了118.5分。这个女生进入高一之后，在英语满分150分的情况下，只考了90多分，英语成绩下降得非常快。为什么会出现这种情况呢？因为高中英语老师没有初中英语老师抓得严、抓得紧。我又评估了一下这个女生在高一掌握的词汇量，结果她是一问三不知。这个女生之所以还能考90多分，完全是因为她之前掌握的一些词汇。如果这个女生不改变自己的学习方法，那么她的学习成绩还会继续下滑。

  一个优秀的学习者，不应该高度依赖教师。只要孩子的学习成绩不好，有的家长就会在校内老师身上找原因，觉得校内老师教得不好，就找校外的老师一对一辅导孩子，过度依赖老师。

  我之所以一再给家长强调要培养孩子的阅读能力，是因为我认为爱阅读的孩子学习成绩不会太差。爱阅读的孩子容易获得自主学习的能力，理解能力比较强，能够阅读教材。阅读是终身学习的基础。不爱阅读的人在走出校园后就几乎不再读书。我就是一个爱读书、爱思考的人，真心觉得"书中自有黄金屋"。

  有的孩子在寒暑假上各种衔接班，在平时上各种同步课程，离开了辅导班，离开了教师，就没法学习。靠名师"喂出来"的孩子长不大。那些自主性强、有超强自学能力的孩子才能走得远。一个聪明的学习者，不应该只满足于名师点出来的"金子"，还应该有一双"点石成金"的手。

第三节
如何正确地看待排名

无论是在生活中，还是在学习中，我们都避免不了被排名。每个人对待排名的态度是不同的。总之，面对排名，保持积极的心态才是最重要的。

从积极的方面来看，排名可以让孩子对自己的学习成绩有一个比较准确的认知和定位，让孩子更加努力上进。从消极的方面来看，排名过度强化了孩子们的竞争意识，对孩子们而言并不一定是一件好事。好多孩子在这种过度的竞争中受到伤害。其实，当孩子的排名靠后时，家长不应该再给孩子增加压力，分析原因才是解决问题的关键。

现在，教育主管部门为了保护学生的隐私和自尊心，减少学生之间的攀比，避免学生受到歧视，缓解应试压力，禁止学校、教师公开学生的考试成绩和排名，但要求学校采取措施，方便家长知道学生的成绩。即使这样，大部分家长也依然热衷于排名。据媒体报道，期中考试后的家长会，老师将孩子们做的试卷发下去，转身回办公室拿东西的工夫，家长们凑在一起就将孩子们的考试成绩排出名次了。有的父母即使知道了孩子的班级排名，也依然不满意，还想知道孩子的级部排名。孩子因此压力很大。

王金战老师在《学习哪有那么难》中谈过这样一件事情：他曾经带过号称史上最牛的一个班，37人考上了北大、清华，10人拿全额奖学金上了哈佛、牛津之类的名校，剩下的同学也基本上了"985"之类的高校。

在这个班里，肯定有人排第40名，而这位排名第40的学生也考上了名校。你想一想，这个学生搁在其他班，肯定是排名前列的，可是在这个班里他要承受排第40名的煎熬。如果这个学生和他的父母只关注排名的话，他有可能考不上名校，还容易陷入习得性无助的陷阱。他之所以能考上名校，是因为他追求的不只是排名。

正如王金战老师所说："判断一个人的成功，重要的不是和别人比做得怎样，而是和自己的潜能比做得怎样。"我相信王金战老师正是如此引导孩子的。如果王金战老师在乎排名，只青睐班上排前几名的孩子，忽视排名靠后的孩子，所教的班就不会取得如此辉煌的高考成绩。

父母应该客观地看待孩子的学习成绩排名，关注孩子的成长和努力，并培养孩子积极乐观的心态，引导孩子查漏补缺，这样才能真正地帮助孩子成长。

第四节
强大的学习工具之一：错题本

> 追求知识的掌握才是理想的学习动机。学习不是为了和别人比较，也不是为了考多少分，更不是为了让他人满意，而是为了掌握知识。

在给孩子们做咨询的时候，我经常会让他们做以下这道选择题：

作为一名学生，你在意的是（　　）。

A. 排名

B. 考一个令自己满意的成绩

C. 让家长、老师或者其他人满意

在以上三个备选答案中，孩子们选择最多的是"排名"。正如上文写的那样，片面追求排名会带来很多负面的效果。我们有理由推测在王金战老师班上排四五十名的那些孩子，其学习动机应该不是追求排名，如果是的话，他们应该承受不了自己从初中的名列前茅沦落到在班级排四五十名的心理落差。那我们就要思考：究竟什么样的学习动机才是理想的呢？我认为，理想的学习动机是追求知识的掌握。

学习不是为了和他人比较，也不是为了考多少分，更不是为了让他人满意，而是为了掌握知识。正如我们考驾照一样，考驾照的目的是学会开车这项技能，而不是其他的。

如果一个人的学习动机是追求排名的话，那他就不容易专注于学习本身，容易因为排名而受到伤害。当老师将批改好的试卷发下来的时候，孩子们大都有类似的反应——先看看自己的考试成绩，再看看周围人的考试成绩，如果自己比周围人考得好的话，就特别期待老师公布考试成绩。可以这么说，有的孩子一旦考了一个从未有过的好名次，就沾沾自喜，止步不前。

如果一个人的学习动机是为了掌握知识的话，他在看到分数时的表现就截然不同了。看到自己的考试分数，不管高兴也好，难过也罢，只要不是满分，他都会想看看自己为什么被扣分了，究竟错在哪里了。他会思考：被扣分是因为知识掌握得不扎实，还是因为计算出错呢？一旦找到被扣分的原因，他就会积极解决。这样做能确保他每一个知识点都掌握得很牢固，轻松应对接下来的每一场考试。

"查漏补缺"是"掌握知识"的一个学习法宝。一个人学习成绩的好坏在很大程度上取决于两种能力：一种是"查（漏）"的能力，另一种是"补（缺）"的能力。以上两种能力缺一不可。如果一个人光能查出自己的不足，没有补的能力，他只能望洋兴叹；如果一个人光有补的能力，却查不出自己的问题所在，这就好比空有一身好武艺，却没有找到能练手的对象。

怎样才能查出自己的不足呢？"查"背后对应的方法之一是错题本或者错题思想。错题思想是指学生虽然没有具体的错题本，但是他按照错题本的思想去发现问题、解决问题。每年高考成绩公布后，总会有记者追着各省高考状元问："你能不能给学弟学妹们分享一些学习方法呢？"你留心一下，翻遍全网，高考状元们说得最多的就是错题本。其实，孩子都知道错题本，可实际执行情况千差万别。我习惯将孩子们使用错题本的情况分为以下四种境界：

第一种境界：没有错题本。 这类孩子要么压根就不相信错题本管用，死活不弄错题本；要么就觉得抄错题纯粹浪费时间，内心抵触错题本。

第二种境界：**仅有错题本**。这类孩子有错题本，但仅仅是将错题集合在一个本子上，就止步于此。这类孩子还不如第一种境界的孩子，因为他们将大量的学习时间浪费在了抄错题上。

第三种境界：**不仅有错题本，还尽量做到错过的题不再错**。这类孩子显然比前两类孩子强。

第四种境界：**不仅错过的题不会再错，还善于从错题中总结教训，能做到同一类型的题不再做错**。也就是说，这类孩子不仅能发现问题，还能分类解决问题。有的孩子在誊写错题时，隐约感觉誊过类似的错题，可是一比较，却发现不是同一道题。仔细辨别，原来这两道题考的是同一个知识点。于是，为了不让类似的题重复出现在错题本上，他就需要将这个知识点弄懂、弄会，至于他能不能掌握这个知识点取决于他自己解决问题的能力。达到这种境界的孩子必须具备一种能力："我看的不是题，而是知识点。"拥有这种能力的孩子能通过题目看到背后考核的知识点。

如果孩子能将错题本上的题逐一掌握，那么他没有掌握的知识点就会越来越少。错题本的至高境界就是没有错题。

错题本上的错题来自平时的作业和试卷。需要注意的是，从理论上讲，任何一个知识点都可以演化出很多道题。你即使做了很多道题，也不一定能覆盖所有的知识点。如果关于某个知识点的题从来没有在你所做的作业和试卷中出现过，你就无法通过写作业和做试卷来判断自己是否掌握了该知识点。这个时候，你就需要另一种学习工具——思维导图。

第五节
强大的学习工具之二：思维导图

思维导图运用图文并重的技巧，将各级主题的关系用相互隶属与相关的层级图表现出来，将主题关键词与图像、颜色等建立记忆链。它充分运用左右脑的技能，利用记忆、阅读、思维的规律，协助人们在科学与艺术、艺术与想象之间平衡发展，从而开启人类大脑的无限潜能。

思维导图又叫心智导图，是表达发散性思维的有效图形思维工具，它简单、高效，是一种实用性很强的思维工具。

思维导图可以提高人们的学习效率、工作效率。近年来，思维导图已经成为学校师生经常挂在嘴边的词汇。不会写教案，不会做题目，怎么办？先画一个思维导图，比如下面的这幅：

这是一幅典型的思维导图，是我读完一篇有关水果的说明文后绘制的。我曾经试着让一些孩子背诵这篇1000多字的文章，他们大多需要花费30分钟以上的时间才能完成背诵。当我让孩子们用几分钟的时间记下这张思维导图后，孩子们背诵这篇1000多字的文章所需要的时间就明显减少了。其实，除了一些需要全文背诵的课文以外，我们并不需要逐字逐句地记住所学的内容，完全可以利用思维导图记住所学的知识点。

为什么思维导图会有这么大的作用呢？第一，基于对人脑的模拟，思维导图的整个画面像一个人的大脑结构图（分布着许多沟与回）；第二，这种模拟突出了思维内容的重心和层次；第三，这种模拟强化了联想功能，正像大脑细胞之间有无限丰富的连接；第四，人脑对图像的加工记忆能力比对文字的加工记忆能力强很多倍。

既然思维导图有这么好的效果，我们在记忆一些文字性的东西时，就可以将文字转换成思维导图，如此，学习就会变得轻松一点。

绘制一张思维导图的步骤为：

步骤一，画主题。你可以自由选择主题，可以是一本书，也可以是一个章节或者某个知识点。在刚开始学习绘制思维导图的时候，我建议你按照从小到大、由简单到复杂的顺序来选择主题。

步骤二，找关键。找关键就是选择关键词，这是绘制思维导图最核心、最重要的环节。关键词是思维导图的灵魂。无论是与主题直接相连的一级分支，还是二级、三级等其他各级分支，都是由关键词组成的。这个环节要求你有较高的概括、归纳能力，所遵循的原则是，能用词，就不用词组；能用词组，就不用句子。

步骤三，理分支。思维导图是一个由中心到四周的网状结构，你要了解清楚每级之间的包含关系、同级之间的并列关系。越靠近主题的分支线条要越粗。关键词要紧挨着分支线条的上面。

步骤四，画图。思维导图区别于其他笔记的重要一点就是画图，画图的过程就是你利用左右脑的过程。你不需要多么会画图，会涂鸦、能表达自己的意思就行。

步骤五，上色。这是画龙点睛的部分。

对于一个学习者而言，思维导图在预习、做笔记、复习等方面起着非常重要的作用。限于篇幅，我就不在此展开更为详细的叙述了，感兴趣的读者可以阅读一些与思维导图相关的资料。

第六节
教育笔记：学会化解孩子的负面情绪

当孩子有负面情绪时，家长要想办法应对和处理孩子的负面情绪。

傍晚，我陪着孩子在小区广场上练习跳绳。

突然有人给我打电话，我一看名字，是老家的一位同学。刚接起来，我就听到电话那边的同学着急地说："哎哟，你看看怎么办啊？我没办法了，只有找你了。我让孩子直接找你说，他又不愿意。"

我说："不要急，你慢慢说。"

她说："孩子今天在家都拍桌子了，使劲地说老师做得不对，这次是因为老师触碰孩子的底线了。"

我说："怎么回事啊？你慢慢说。"

她说："孩子所在的学校现在实施小组化教学，我家孩子是小组长。每个小组中都有好、中、差三类孩子。每次我家孩子刚将小组成员的学习成绩提上来，老师就将那些学习成绩提上来的孩子调去别的组。这样的事情都发生好几次了，弄得我家孩子特别恼火。因为老组员和新进来的组员需要相互磨合，很费精力，所以在今天吃饭的时候，我家孩子一说起这事，情绪就失控了，发了非常大的火。我们怎么和孩子说都不行。你现在有时间吗？你能不能帮一帮我家孩子呢？"

我让她把电话交给孩子，并对孩子说："钟××，你好！"

孩子说："叔叔，你好！"通过孩子说话的声音，我就判断出孩子的心情确实不好。

我问孩子："你是不是感觉有些委屈、有些愤怒呢？"

孩子说："嗯！"

我说："听了你妈妈的描述以后，我的第一感觉是你挺厉害的，总是能将差生的学习成绩提上来，这是非常了不起的本领。你真的是老师的好帮手，你领导的那个小组就像'精英孵化器'一样，总是能培养出高手来。你这个组长功不可没啊！

"一个教练能将一支好的队伍带出成绩，那不算厉害。一个教练能将一支差劲的队伍带出成绩才是厉害的。我觉得你就是那个厉害的教练。另外，小组化教学引进了小组间的竞争，导致很多孩子将自己的情绪捆绑在小组荣誉上。所以，老师每次将那些学习成绩提上来的孩子调去别的组，你就特别生气。可是，你有没有想过老师为什么会这样做呢？你是不是很喜欢打篮球，喜欢看NBA（美国职业篮球赛）呢？那我问你，在NBA中，什么样的球队能获得第一顺位的选秀权呢？"

他说："成绩最差的球队。"

我说："那就是了。如果你们小组一直是班上的第一名，别的小组就不愿意跟你们小组竞争了，就没有人陪你们小组玩了，这不利于整个班级成绩的提高。如果NBA没有那样的选秀机制，就不会有今日的NBA。如果你们老师不这样调动，小组之间就不会处于一种良性的竞争状态中。老师在嘴上欠你一个肯定，但我相信，老师已经将你的优秀记在了心里。你自己好好想想，好吗？"

孩子说："好的，谢谢叔叔！"这个时候我听出来孩子的情绪好了不少。

过了几分钟，我同学又给我打来了电话。

电话里我同学用赞叹的语气对我说："哎呀，还是你厉害！你就说了几句话，孩子的情绪就好了。孩子刚才对我说他没事了，现在他开始写作业了。真的非常感谢你啊！"

我听了之后就笑了，不仅笑在脸上，还笑在心里。

第七节
不求完美，但求坚持

计划好做，执行好难，这是很多人的体会。"坚持"是天天，是每时每刻，是不改变、不动摇、不放弃。

我们每个人都做过计划，小时候做过学习计划，长大了做过工作计划。俗话说："计划赶不上变化。"计划好做，执行好难，这是很多人的体会。

拿我自己来说，我经常做各种计划，也经常放弃自己的计划。我相信不少人跟我有类似的经历。有一天我心血来潮，想将一本英语单词书背下来，于是我制订了一个背诵计划，规定自己每天背诵多少个单词。从首字母 A 开始背诵，背着背着，突然有一天计划被中断，因为我被同学邀请外出玩耍，于是背英语单词书的计划就被搁置了。一段时间后，我又想起了这个背诵英语单词书的计划，开始执行这个计划，紧接着又出现了一件打断这个计划的事情，不同的是打断这个计划的事情不一样，结果却是一样的——计划又被搁置了。于是，对于这本英语单词书的前半部分，我很熟悉；对于这本英语单词书的后半部分，我却非常陌生。

我在给孩子们做辅导的时候经常说起这件事。孩子们表示认同，觉得这样的事情好像发生在他们自己的身上。我话锋一转，问道："你们觉得一天背诵 20 个英语单词，算不算多？"

"不算多。"

"那你们给我算算,如果一个人每天背诵20个单词,一年按照365天来算,一年下来他能背诵多少个单词呢?"

孩子们就在一旁计算,一会儿就回答:"7300个。"

"你们知道7300个单词是什么概念吗?3500个是高考英语考试大纲要求考生掌握的词汇量,4500个是英语四级考试要求考生掌握的词汇量,6000个是英语六级考试要求学生掌握的词汇量,7300个是接近托福考试要求考生掌握的词汇量。你们已经学多少年英语了?"

这样一问,孩子们有些愕然。我知道,他们中的一些人已经学了八年以上的英语了。我说:"你们想过这件事吗?如果你们拿出一年的时间来坚持背英语单词,词汇量就能达到英语六级考试要求的水平。"

这时,孩子们陷入了沉思。

我接着说:"有人可能会说,有谁能坚持一年不放弃啊。你们听说过'三天打鱼,两天晒网'吗?"

孩子们都点点头。

我说:"我不要求你们天天背诵英语单词,只需要你们三天打鱼,两天晒网,也就是背三天,歇两天。你们将7300乘以3/5,结果是多少呢?"

孩子们在稿纸上计算起来,大声说:"4380。"

我说:"结果让你们惊讶吗?刚才你们说一天背诵20个单词不算多,一年下来,你们即使背三天歇两天,也能达到英语四级考试要求的词汇量。计划一旦被中断,人们就容易放弃计划,好像不能接受自己的不完美,干脆就放弃执行计划。可是,你们知道吗?坚持下去才是最重要的。坚持并不是每天都做某件事情。坚持的精髓在于即使计划被中断了,也依然能坚持做下去。如果一个人一辈子能坚持做一件事,那他一定能将这件事做得很好。"

此时孩子们有一种恍然大悟的感觉。

我接着说:"你们知道'水滴石穿'这个成语吗?水那么柔弱,竟然能将石头击穿,靠的是什么呢?靠的是坚持。"

孩子们都点点头。

第八节
亲子沟通的技巧

> 好的沟通让人心里舒坦,不好的沟通让人心里堵得慌。父母和孩子好好说话,有助于孩子的身心发展。

情绪既能调动孩子学习的积极性,也能挫伤孩子学习的积极性。亲子之间沟通不良会影响孩子的情绪。当孩子处于青春期时,很多父母不知道该怎么和孩子说话。有的父母在面对青春期的孩子时,总是低声下气、小心谨慎。在这里,我将给大家介绍一些亲子沟通的理论和技巧,以便帮助大家改善亲子关系。

一、冰山理论

有时一个人说出来的话不是他自己真实意愿的表达,因为语言可以乔装打扮。我将人们说出口的语言视作冰山浮出水面的部分。如果你习惯性地快速回应他人说出来的话,极有可能导致话赶话,让冲突升级。人们真正需要看的是水面之下的冰山部分,那是一个人真实的想法、感受等。如果你能够回应他人的真实想法、感受等,有些问题就能迎刃而解了。

曾经有一段时间,"996"成了网络热词。有个孩子就问自己的妈妈:"妈妈,'996'是什么意思呢?"

妈妈解释道:"'996'就是指一个人工作很辛苦,每天早上9点上班,工作到晚上9点,每周工作6天。"

孩子立马说:"你这么一说,我们做学生的何止是'996',我们才是最辛苦的。"

孩子们真的很辛苦。有的孩子写作业累了、烦了的时候就会说:"我真的不想写作业啊!"当你家孩子说出类似这句话的时候,你是怎么回应的呢?有的孩子说:"我妈就听不得我说这句话。只要我说这句话,我妈就像唐僧一样开始给我念经——你怎么可以不写作业呢?你不写作业,怎么提高学习成绩呢?你如果学习成绩不好的话,怎么能考上好大学啊?如果你考不上好大学,你将来能干什么工作呢?……"

有的孩子说:"我一听我妈唠叨就脑袋疼,我的火气一下子就上来了,我就会直接怼我妈。我就不写,看你怎么办……"

接下来就是一场暴风骤雨。

孩子们学习很辛苦,有时候他们仅仅是想抱怨一下,内心的想法或许是"想休息一会儿",感受是"学习真累",内心的期待是"希望爸妈能看到自己的辛苦,满足自己的愿望"。父母如果能够感知孩子的想法、感受、期待,就有可能温暖地回应孩子:"你今天的作业看起来真不少,你要是写累了,就休息一会儿吧。"

记得2019年暑假,我带着全家人一起去新疆落地自驾游。返程时,恰巧遇到青岛这边有台风,改签了飞机票之后,我们又在新疆多待了几天。这样一来,我们在新疆待了两周多的时间。

回到青岛以后,孩子的英语老师就要求他把落下的作业补上。孩子那天之所以带着情绪补作业,是因为他需要补那么多的作业,并且出去那么多天也不是他选择的。写着写着,孩子就来了一句:"我不想写作业了!"话语之间明显带着怨气。

我没有因此批评孩子,而是心平气和地对孩子说:"是啊,一下子补那么多的作业，确实有点儿困难。你要是实在写不完，就和我说一声，我跟老师好好说说，看看能不能慢慢补。如果你感觉写累了，你就休息一会儿。"

孩子愣了一下，还是起身回自己房间了。

没有想到的是，只过了几分钟的时间，孩子就从房间里出来了，对我说："能写多少就写多少吧。"

我说："你真厉害啊！你在这么短的时间内就把自己的情绪调整过来了，真的是高手啊！"

在亲子沟通的过程中，有以下两种情况：一种情况是孩子有负面情绪，父母没什么事；另一种情况是父母有负面情绪，孩子好好的。父母要注意以上两种情况，否则稍有不慎，就有可能和孩子谈崩了，破坏亲子关系。

当孩子有情绪的时候，父母要优先处理孩子的情绪，然后再管其他的事。父母在处理孩子的情绪问题时要说事实，回应孩子的情绪。

我举一个例子，孩子被别的同学欺负了，回到家闹情绪，不愿意上学。不会沟通的父母经常忽视孩子的情绪，常会说出能气死人的话："苍蝇不叮无缝的蛋，肯定是因为你哪里做得不对。我都跟你说多少遍了，你只管学习就行了，不要去管那些乌七八糟的事情。"孩子不仅没有得到父母的安慰，还莫名其妙地挨了一顿训斥，只能将一些负面的情绪硬生生地憋在心里。

按照"说事实，回应孩子情绪"的原则，父母可以这样对孩子说："怎么还有这样欺负人的孩子呢？你是不是感觉很难受呢？"听到父母这样说，孩子就会觉得自己被理解了。除了安慰孩子以外，父母还可以给孩子支持，对孩子说："孩子，我们需要怎样做才能帮到你呢？"听到父母这样说，孩子就能感受到父母给他的支持。

有时候，父母也会有各种情绪。生气也好，愤怒也罢，情绪本身没有好坏之分。父母如何表达自己的情绪才是重要的。

记得有一次我邀请一位同事分享一下她自己的育儿经验，因为她家孩子中考时直升二中，高考时还考了青岛市区的状元。我的这个同事平时说话慢条斯理的。

她对我说："我家孩子刚进入青春期时，脾气暴躁，生气的时候非常吓人，我都说不过他。我就由着他生气，等他生完气后，我再找他沟通。"

那一次，孩子又生气了，情绪特别激动。

等孩子生完气后，她让孩子过来，对孩子说："孩子，你生气时，你知道妈妈的感受是什么吗？"

孩子没有想到妈妈会这样问他，没有回答。

她接着对孩子说："你刚才太吓人了！请你下次注意一下。"然后就让孩子走了。

她对我说："我也不知道这是不是正确的方式。反正几天之后，我家孩子再生气时，愣了一下，好像想起来什么，声音马上降了好几度。"我听完以后就乐了，感叹有些人就是天生的心理学家，虽然没有学过任何心理学的知识，但是很有悟性。我的这个同事和孩子交流的方式——说事实，谈感受，就犹如教科书中的方法一样正确。因为这个妈妈没有指责孩子，只是表达自己当时的感受，孩子再生气时知道考虑妈妈的感受。

我们在生活中也会遇到类似的情形，比如丈夫晚上有饭局，跟妻子请假，妻子也答应了，于是丈夫赴宴去了。眼看半夜了，丈夫还没有回来，妻子很担心。当丈夫很晚才回到家时，有些不会表达自己感受的妻子会直接对自己的丈夫说："你死哪儿去了？！你怎么现在才回来？！"晚归的丈夫大多会感到愧疚。如果妻子第一次这样说丈夫，丈夫会听着。妻子如果这样说的次数多了，就往往会引发夫妻大战。

如果妻子使用"说事实，谈感受"的方式回应丈夫，效果一定会好很多。妻子可以这样对丈夫说:"你总算回来了,我都担心死了。"如果妻子这样说,丈夫可能会意识到自己的错误,下次就会注意。

有的女士会说:"刘老师,这太肉麻了,我说不出口。"

我说:"那你可以接着说事实,比如'你总算回来了,我等你好久了'。"

不管是夫妻之间,还是亲子之间,有话好好说,一家人的关系就会和谐很多。

二、一致性沟通和非一致性沟通

什么是一致性沟通呢?通俗地说,就是在沟通的过程中兼顾沟通双方和情境,不仅要关注自己的感受,真实地表达自己的观点、感受和期待,还要关注他人的想法、感受和期待,兼顾当下沟通的情境。

与一致性沟通相对应的就是非一致性沟通。我们可以将非一致性沟通分为指责型、讨好型、超理智型和打岔型四种。

指责型沟通者不会照顾到他人的想法、感受和期待,只会顾及自己和情境。这种人喜欢吹毛求疵,挑毛病,批判他人,常说的话是"你到底怎么搞的?""都是你的错!""你永远都做不好事情!"……这种人在与他人相处时,会让他人感觉不舒服,满满的负能量。如果父母一方是指责型沟通者,那么孩子容易受到伤害,感到自卑、无助。

讨好型沟通者不会顾及自己,卑微到尘埃里,在与他人沟通的过程中秉承小心、谨慎的原则。为了缓和紧张的关系,这种人经常给他人道歉,请求他人的宽恕、谅解,经常做出让步的行为,常说的话是"我同意""都是我的错""我想让你高兴"……这种人在与他人相处时,过度在乎他人,生怕给他人留下不好的印象,竭力维持关系。

超理智型沟通者不会顾及自己和他人,只会顾及沟通情境。这种人觉得自己永远是正确的，喜欢批判他人，让他人觉察自己的错误，让他人觉得不舒服，常说的话是"我刚才百度了一下，你刚才说错了！""还是你不够好。如果你能回答上来，老师还会骂你吗？""为什么他会针对你呢？苍蝇不叮无缝的蛋，一个巴掌拍不响，肯定你也有问题！"……

打岔型沟通者总是抓不住问题的重点，习惯于插嘴，喜欢打断他人，不直接回答问题或说不到点上。这种人内心焦虑，精神状态混乱，没有归属感，不被他人关照，常被他人误解。

以上四种类型的沟通者容易给他人造成伤害，而一致性沟通者能兼顾自己、他人和情境三方，顾及双方的观点、感受和期待。

三、向苏明玉学习一致性沟通的方式

几年前，有一部名为《都挺好》的电视连续剧，收视率非常高，是一部名副其实的热播剧。其中，女一号苏明玉和保姆沟通的情节非常精彩。我分析了一下，苏明玉采用的就是一致性沟通的方式。

背景：苏大强执意要和保姆小蔡结婚。在苏明玉赶走保姆小蔡之后，苏大强又主动找到保姆小蔡，承诺要和她结婚，并在房产证上写上小蔡的名字。在两人准备出门登记结婚时，苏明成赶到苏大强家门口，拿一把菜刀将两人堵了回去。有别于苏明成的简单粗暴，苏明玉赶到之后，与保姆小蔡有一段精彩的对话。

苏明玉：我爸说，你们是真心相爱，是这样吗？（对方）

保姆小蔡：是的。

苏明玉：那我就踏实了。我还担心他剃头挑子一头热呢，那我支持你们。蔡姐，等你们结婚以后，咱们就是一家人了。一家

人不说两家话，有些事情呢，还是事先说清楚比较好。你说是吧？（己方）

　　保姆小蔡：你说吧。

　　苏明玉：听我爸说，他要在房产证上写上你的名字，我理解。毕竟我爸年龄大了，他是担心将来他走了，留你一个人生活没有人照管，留个房子给你，也算是生活有保障了。（对方）

　　保姆小蔡：嗨，什么房不房子的，我又不图这个，但是你爸爸非要给我一个保障，这也是他的一番心意。我要是不接受呢，他心里也会不安，对不对？就像你爸说的，我是全心全意地照顾他，他是真心实意地要跟我过日子，并不是要娶一个不花钱的保姆，对吗？

　　苏明玉：我们看见了。你照管我爸呢，确实比我们做得都好。我很感谢您！所以请您放心，等结婚以后呢，每个月除去生活费，我再单给你一千块钱零花钱，包括养老、看病什么的，这些钱我都可以出。我说到做到，你要是再不相信，咱们可以签一个赡养协议，做个公证。（对方）

　　保姆小蔡：签什么签呀，这又不是买卖。不过，明玉，我觉得你是一个讲道理的人，我信你。

　　苏明玉：那就好。只是有一点，这房产证上暂时还不能加你的名字。我真是为你好，这房子问题太复杂了。可能我爸还没来得及跟你说清楚。

　　保姆小蔡：有什么问题吗？

　　苏明玉：当初买这个房子，大部分钱是我大哥出的，我爸和老二只出了很小的一部分。关键是这房现在有贷款。每个月的月供还是我大哥出的。（情境）

保姆小蔡：那这房子不是你爸的？

苏明玉：是我爸的，房产证上就是他的名字，但如果他执意加上你的名字，我想大嫂会不乐意的。至于我二哥，你也看见了，他态度明确。主要是我大哥现在失业，大嫂要是一不高兴断了月供，这每个月两万多的房贷，就得让你们自己掏了。我记得这房子好像是贷款了十年吧，现在才第一年。（情境）

保姆小蔡拖着行李就走。

苏明玉：蔡姐！蔡姐！你去哪儿啊？你别走啊，蔡姐！

在以上的沟通过程中，苏明玉就做到了一致性沟通，顾及了自己、保姆、情境三方。苏明玉对保姆小蔡没有一点指责、迎合，在谈笑之间就让保姆小蔡主动退出了，真的是一个非常厉害的人啊！

第九节
七分考，三分报

> 在填报志愿时，首先要考虑适合，适合自己的专业应该是"兴趣所在，能力所长，性格匹配"。

高三是收获的季节，也是迷茫的季节。

高考完之后，我最愿意做的事情就是帮助孩子们填报高考志愿。十多年来，我都不知道自己指导了多少孩子填报高考志愿。凡是我辅导过的孩子，自然愿意听一听我的建议。还有一些家长慕名前来听一听我的报考建议。

我之所以对高考志愿填报这么情有独钟，一方面是因为我的专业，我在研究生毕业之后做过一段时间的人才测评、岗位安置工作，开过很长一段时间的"职业生涯规划课"；另一方面是因为我自己就是高考志愿填报的反面教材。当年高考结束后，我觉得自己发挥极差，心灰意冷，以为自己这辈子都与大学无缘了，再加上我周围也没有人能够指导我填报高考志愿，于是胡乱填写了几个志愿就去工地上打工了。结果，我被北京师范大学退档，直接被江西师范大学的学校教育专业（服从调剂）录取了。

我兴冲冲地去大学报到，没想到还没有高兴多长时间，系主任就给我泼了一盆冷水。系主任说："同学们，你们进对了大门，但进错了小门。"我还没有缓过神来，他接着说："进对了大门，那是因为你们考上了大学。进错了小门，那是因为你们不该学这个专业啊，太难就业了！"

记得那时候我们爱看钱锺书老先生的《围城》，里面有句话，大致是这样说的：在大学里，理科学生瞧不起文科学生，外国语文系学生瞧不起中国文学系学生，中国文学系学生瞧不起哲学系学生，哲学系学生瞧不起社会学系学生，社会学系学生瞧不起教育系学生，教育系学生没有谁可以给他们瞧不起了，只能瞧不起本系的先生。我恰恰就是教育系的学生。于是大学四年，我拼命地想从"火坑"里跳出来。我如果当初好好填报自己的高考志愿，就不会是现在这样的结果了。

那时候我所在省的高考生采用估分填报高考志愿的方式，也就是高考生需要在高考分数出来之前填报高考志愿，这种填报方式的不确定性更强。我有一个同学，觉得自己考得差，自己估的分比实际得分少了100分。高考估分之后，他感到非常难受，草草地填了一个师专的志愿就回家干农活了。好在班主任看他平时学习成绩不错，特意从县城赶到地区招生办给他追加了一个师范大学的志愿。分数出来之后，他果真被师范大学录取了。他在上大学期间学习成绩一直不错，最后被保送到中科院读研究生。他的人生就这样被一位好心的老师改变了。他因此非常感激自己的那位老师，每次回老家都去看望那位老师。

老百姓常说一句话："男怕入错行，女怕嫁错郎。"其实，填报高考志愿也是这样的。孩子如果草率填报高考志愿，极有可能学非所愿，学得非常痛苦，甚至退学。如果孩子能够科学填报高考志愿，学自己喜欢的专业，他就会感到轻松愉快，学习成绩就容易名列前茅。

我觉得孩子在填报高考志愿时首先要考虑自己是否适合这个专业。适合的专业应该是"兴趣所在，能力所长，性格匹配"。"兴趣所在"就是所选专业应该是孩子感兴趣的。孩子因为感兴趣，学起来就容易投入，学起来就轻松。

"能力所长"就是所选专业应该是孩子擅长的，因为擅长，就会得心应手、游刃有余。"性格匹配"就是所选专业契合孩子的性格。性格在一定程度上决定一个人的职业。导游需要与人打交道，实验室工作人员几乎不需要与人打交道。性格外向的人肯定更适合做导游。性格内向的人更适合在实验室工作。如果你让一个性格内向又不愿意服务他人的人去做导游，那么他连饭可能都吃不上。

在这个大部分高考生都能上大学的时代，选择一个适合自己的专业比选择学校更重要。我将适合的专业分成两种：一种是长线专业，这种专业在本科毕业时不好就业，得读完硕士、博士之后才好找工作；另外一种是短线专业，这种专业在本科毕业时就好找工作，投入与产出的性价比高。对一个普通家庭的孩子而言，他如果能选择一个适合自己的短线专业，就不必求爷爷告奶奶地去找工作了。如果孩子的家庭经济状况不错，孩子也不妨挑选一个适合自己的长线专业，因为适合，兴趣浓厚，学有余力，所以考研也相对轻松。

我妻子有个同事，家在青岛周边农村，有一对双胞胎女儿。高考的时候，双胞胎女儿的高考成绩都刚达到三本分数线。老师建议俩孩子复读，可是孩子的妈妈感到有些为难，毕竟她们家的经济条件不是很好。于是我就说，如果俩孩子愿意的话，我帮她俩填报高考志愿吧。因为家境不是很好，两个孩子同时上三本，这个家有点吃不消。综合考虑俩孩子各方面的情况，我推荐了一所央企和地方共建的专科学校，这所学校的优势是自己能消化一些优秀毕业生。俩孩子最终听从了我的建议。

没想到的是，自从俩孩子入学之后，我不断地从孩子妈妈那里听到好消息。首先是俩孩子因为以三本的高考成绩上了专科，又是适合的专业，所以她们俩学得非常轻松，学习成绩优异。一学年结束，一个孩子获得了八千元的国家奖学金，另一个孩子获得了五千元的国家助学金。用孩子妈妈的话来说，俩孩子上学几乎没花钱。因为俩孩子在学校里各方面表现优秀，她们俩在学校入了党。毕业的时候，俩孩子因为学习成绩优异，一个直接被央企留下，另一个也在毕业前签了一家著名的外资企业。在就业形势如此严峻的今天，俩孩子都因为选对了专业而获得了理想的工作。